경쟁력을 높여주는 리더십 스피치

말은 나의 브랜드다

경쟁력을 높여주는 리더십 스피치

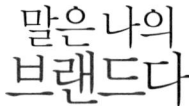
말은 나의 브랜드다

초판 1쇄   2015년 2월 3일

지은이	강나연
발행인	김재홍
디자인	박상아, 고은비
교정·교열	안리라
마케팅	이연실

발행처	도서출판 지식공감
등록번호	제396-2012-000018호
주소	경기도 고양시 일산동구 견달산로225번길 112
전화	02-3141-2700
팩스	02-322-3089
홈페이지	www.bookdaum.com

가격	15,000원
ISBN	979-11-5622-058-9 13320

CIP제어번호   CIP2014035187
이 도서의 국립중앙도서관 출판시 도서목록(CIP)은 e-CIP 홈페이지(http://www.nl.go.kr/ecip)에서 이용하실 수 있습니다.

ⓒ 강나연 2015, Printed in Korea.

- 이 책은 저작권법에 따라 보호받는 저작물이므로 무단전재와 무단복제를 금지하며, 이 책 내용의 전부 또는 일부를 이용하려면 반드시 저작권자와 도서출판 지식공감의 서면 동의를 받아야 합니다.
- 파본이나 잘못된 책은 구입처에서 교환해 드립니다.
- '지식공감 지식기부실천' 도서출판 지식공감은 창립일로부터 모든 발행 도서의 2%를 '지식기부 실천'으로 조성하여 전국 중·고등학교 도서관에 기부를 실천합니다. 도서출판 지식공감의 모든 발행 도서는 2%의 기부실천을 계속할 것입니다.

경쟁력을 높여주는 리더십 스피치

말은 나의 브랜드다

강나연 지음

지식공감

Prologue

   이 책을 세상에 내놓기까지 시간이 너무나도 많이 흘렀다. 모든 것에 때가 있다는 말이 있듯이, 이제야 세상 밖으로 나올 수 있게 되었다.

   유학시절에는 짧은 영어로 공부하기가 쉽지 않았다. 처음에는 듣기도 말하기도 쓰기도 힘들어서 울면서 밤을 새며 공부에 임했다. 드디어 3년 정도 되니, 자연스럽고 유창하게 영어를 할 수 있었다. 하지만 쓰기는 여전히 부족했다. 한국 학생들이 제일 자신 있는 부분은 쓰기였다. 나는 부족한 쓰기 부분을 발표로 만회했다. 역시나 한국 학생들, 아니 아시아계 학생들은 발표가 부족했다. 몇 년 동안 공부하면서 '우리 한국 학생들이 실력은 있는데 발표에서 부족함이 있구나, 어떻게 하면 발표를 잘 할 수 있을까' 늘 고민했다.

   미국은 어려서부터 발표하는 공부를 항상 한다. 자연스럽게 공부하는 과정에서 발표 능력을 키운다. 초등학생 때부터 발표 능력을 키워 고등학생 때는 토론 대회에 참가한다. 우리가 잘 알고 있는 미국의 대통령 클린턴 오바마 그리고 힐러리는 고등학생 때 토론대회에서 입상한 경력이 있다. 이렇듯 정치인들도 어려서부터 발표 능력을 키워왔다.
   우리나라는 토론 문화가 아니었기에 지금 진통을 겪고 있는 것이다. 예로부터 우리나라 사람들은 말을 잘하면 사기꾼이라고 했다. 예전에

는 지역사회가 좁아서 말보다는 행동으로 보여줘야 했기 때문이다. 하지만 현대는 걸어 다니는 미디어 시대이다. 인터넷과 SNS가 발달하여 행동으로는 한계가 있으므로, 말로써 나를 나타내는 시대에 도래했다.

  나를 알리려 한다면, 우선 나라는 존재에 대해 타인에게 인식을 시켜야 한다. 그러기 위해서는 자신만의 언어가 있어야 한다. 일반인들이 연단에 서서 나를 알리려 한다면 이는 결코 쉬운 일이 아닐 것이다. 수없이 많은 트레이닝을 해야만 자신 있게 나를 알릴 수 있을 것이다. 하지만 그동안 우리는 그러한 트레이닝을 받기 쉽지 않았다. 하지만 최근, 많은 스피치 과정과 학원이 생기면서 학습 할 수 있는 기회가 많아졌다.

  아무리 많은 것을 알고 있어도 표현하지 못하면 타인은 그가 무엇을 알고 있는지, 얼마나 알고 있는지 모를 것이다. 그래서 말로써 나를 알려야만 하는 것이다. 발표를 잘하는 학생은 똑똑해 보인다. 공부도 잘 할 것이라고 생각한다.

  기업의 CEO도 말 한 마디가 참으로 중요하다. 조직원들은 CEO의 말 한 마디에 무척이나 예민하다. 그러므로 CEO는 말을 두루뭉술하게 하면 안 된다. 정확하게, 그리고 확실하게 확신에 찬 어조로 해야 한다. 그럼으로써 직원에게 믿음과 신뢰를 준다. 우리나라 CEO들도 역시 발

표나 토론 교육을 받은 세대가 아니다. 다행히 타고난 언변이 좋아서 말을 잘하는 사람도 간혹 있다. 하지만 보통은 트레이닝과 연습에 의해 말을 잘하게 되는 것이다.

　나는 수년 전부터 모든 사람들에게 말을 잘할 수 있게 해주자는 사명감에 스피치 CEO 과정을 운영하기 시작했다. 처음 시작할 무렵에는 사람들에게 홍보하는 것조차 힘이 들었다. 스피치는 배워서 뭐 하냐는 둥, 그 시간에 일을 해서 돈을 벌어야 한다는 둥, 관심 갖는 사람이 드물었다. 스피치 교육을 널리 전파하기 위해서는 우리나라 리더들을 먼저 깨우치게 하자고 생각했다. 그러면 자연스럽게 모든 사람들에게 전파가 될 것이라 여겼기 때문이다. 그렇게 스피치 과정을 시작하게 되었다. 처음 시작할 때는 너무나도 힘이 들었다. 그것은 사람들의 인식 때문이었다. 하지만 차츰 세월이 흐르면서, 리더들도 스피치를 배워야겠다는 생각들을 조금씩 하기 시작했다. 차츰 배우고자 하는 사람들이 늘어나가 시작했다.

　내가 이 과정에서 가장 심어주고 싶었던 내용은 브랜드였다. 말은 곧 나의 브랜드이기 때문이다.
　리더들은 각기 자기만의 스토리가 있어야 한다. 성공 스토리를 인용

하면 더욱 좋을 것이다. 성공스토리로 자기브랜드를 만들어 나를 알리고 나의 회사를 알리는 것이다. 모든 기업들이 브랜드이미지에 많은 관심들을 기울인다. 브랜드는 곧 회사의 얼굴, 회사를 대표하기 때문이다. 브랜드 이미지가 나빠져서 회사가 부도나는 경우도 많다. 또한 브랜드 이미지가 좋아서 대박 매출을 일으키는 회사도 많다 사람들은 회사의 브랜드를 신뢰하기 때문이다.

개인도 역시 마찬가지이다. '강나연' 하면 '스피치트레이너'라고 인식이 되어있듯이, 각 개인의 브랜드가 중요하다. 처음 보는 사람에게 나를 소개하려면 짧은 시간에 무엇을 말할 것인가, 어떻게 말할 것인가를 고민하게 될 것이다. 하지만 나의 브랜드가 있다면, 한 단어로 타인에게 나를 충분히 소개할 수가 있다.

현대사회는 스마트시대라 할 수 있다. 누구나 스마트폰을 가지고 있다. 화자의 발표가 길어지면 청자는 집중을 하지 않는다. 눈과 손이 스마트폰으로 가고 만다. 갈수록 집중력이 짧아지기 때문에 발표 시간이 짧아지고 있다. 그러다 보니 화자는 더욱 말하기가 어려워지고 있다. 짧은 시간에 내가 하고 싶은 말을 해야 하기 때문이다. 요령이 필요하다. 즉, 스토리텔링이 필요한 것이다. 스토리텔링으로 자기 자신을 브랜

드화했을 때, 하고 싶은 말을 짧은 시간에 모두 할 수가 있다. 그렇다면 스토리텔링을 어떻게 하면 좋을까. 이것 또한 힘들 것이다. 스토리텔링은 즉, 쉽고 짧고 재미있게 나의 사실적인 이야기를 하는 것이다. 스토리텔링은 청중을 집중하게 하는 수단이다.

스토리를 만들려면 우선 브레인스토밍을 해야 한다. 하고자 하는 말의 단어들을 모두 머릿속에서 꺼내놓는다. 그러고는 말을 이어 서론, 본론, 결론으로 스토리를 이어가면 된다. 어렵지 않게 생각하는 것이 중요하다.

또한 유머에 자신 있으면 유머를 하면 더욱 좋다. 유머가 자신이 없다면 굳이 하지 않아도 된다. 나 역시 뛰어난 유머를 갖추지 못해 늘 고민이었다. 하지만 고민보다는 극복하는 것을 택했다. 개그맨들이 하는 유머를 귀담아 듣고 메모하고 다른 사람들과 대화할 때 적용하는 방법으로 조금씩 극복을 해나갔다. 지금은 강의 중에도 제법 유머를 하는 편이다. 나의 강의는 늘 유익하다는 평가를 많이 받았다. 하지만 내 욕심에 웃기고 싶은 마음이 가득했다. 그렇지만 쉽지 않았다. 몇 년 뒤에 드디어 강의 중에 유머가 나오기 시작했다. 역시 연습하면 된다는 걸 다시 한 번 깨닫게 되었다. 이제는 나의 강의가 재미있고 유익하다는, 내가 원하는 평가를 받게 되었다.

많은 사람들에게 그동안 내가 강의했던 내용을, 이 책으로 정리해 보았다. 본서는 전문 서적으로 출간하게 되었다. 편하고 쉽게 읽을 수 있는 책으로 만들기보다는 늘 곁에 두고 필요할 때마다, 또 생각날 때마다 넘길 수 있도록 하고 싶은 의도이다. 말을 잘하고 싶은 사람들에게 조금이나마 도움이 되었으면 하는 마음으로 본서를 출간하게 되었다. 부디 모든 사람들이 말로 인해 스트레스를 받지 않았으면 하는 마음 간절하다.

말은 잘하기보다는 잘 말하는 것이 중요하다. 또한 말은 나의 경쟁력이고 나의 힘이다.

CONTENTS
차례

Prologue   4

Chapter 01

브랜드 만들기

1-1	리더의 브랜드 만들기	15
1-2	장점으로 브랜드 만들기	20
1-3	특징으로 브랜드 만들기	33
1-4	개성으로 브랜드 만들기	35

Chapter 02

나의 스피치 기술

2-1	성공 스피치 기술	41
2-2	오바마 화법(카리스마 기술)	83
2-3	보이스 트레이닝 방법	101
2-4	리더의 유머 기술	122
2-5	회의 진행 스피치 기술	142
2-6	자기 관리 스피치 기술	147
2-7	조직 관리 스피치 기술	154
2-8	대인 관리 스피치 기술	161
2-9	이미지 관리 스피치 기술	168
2-10	상황 대처 스피치 기술	176
2-11	접대 스피치 기술	184
2-12	칭찬 스피치 기술	193

Chapter 03

스피치 시나리오 작성방법

3-1	스토리텔링	205
3-2	스토리텔링과 시나리오	207
3-3	스피치 기술과 스토리텔링 기법	212
3-4	스토리텔링의 시나리오 적용	214

To Make a Brand

Chapter 01

브랜드 만들기

1-1 리더의 브랜드 만들기
1-2 장점으로 브랜드 만들기
1-3 특징으로 브랜드 만들기
1-4 개성으로 브랜드 만들기

1-1 리더의 브랜드 만들기

리더의 브랜드는 기업의 브랜드가 된다. 브랜드는 차별성이고 차별성은 경쟁력이 된다. 개성과 독창적 능력에 의하여 브랜드가 결정된다. 박지성의 브랜드는 공격과 수비를 통한 결정적 골 배급 능력이다. 결정적 순간에 골을 넣을 수 있는 선수에게 공을 연결시키는 능력은 산소탱크 박지성의 몸값을 만드는 브랜드이다.

브랜드는 경험과 능력으로 만들어진다

소니사의 창업주 이부카 마사루 회장은 발명을 통한 신기술로 경쟁력을 만들었다. 삼성은 모방을 통한 창조로 세계적 기술을 이끌어 가는 경쟁력을 창출시켰다. 기업 이미지가 창업자의 경영 철학과 연계되는 것은 리더의 브랜드가 기업의 브랜드가 되는 것이다.

브랜드는 국가, 기업, 개인 등의 모든 경쟁의 평가 기준이다. 한 국가에서도 지방단체마다 브랜드를 만들어 경쟁하고 있으며 기업은 브랜드를 지키기 위해 막대한 투자를 하고 있다. 브랜드는 기업 로고, CI 등으로 광고와 홍보 등에 활용된다.

소비자는 기업의 경쟁력을 브랜드로 평가하기 때문에 브랜드 관리는 기업 관리에서 가장 중요한 리더의 관리 능력으로 평가받는다.

개인도 브랜드 관리를 어떻게 하는가에 의하여 평가 받기 때문에 평소에 자기 관리에 철저해야 한다.

브랜드는 경쟁력이다

브랜드는 나를 팔기 위한 수단으로 강렬하게 상대와 소통하는 방법이며 나를 각인시키는 스피치와 행동의 경쟁력이다.

'채플린!' 하면 떠오르는 것은 콧수염? 지팡이?
'히틀러!' 하면 떠오르는 것은?

"못생겨서 죄송합니다."라는 말로 유명세를 얻었던 코미디언 이주일 씨는 자신의 부족함을 긍정적으로 제시함으로써 못생긴 얼굴이 캐릭터가 되었고 브랜드가 되었다.

당신의 경쟁력은 무엇인가? 당신의 상징은 무엇인가?

경쟁력 있는 사람은 상징성을 가지고 있다. 상징성을 가지고 있는 사람과 없는 사람의 차이는 성공과 실패의 차이가 된다. 능력이나 명성, 독창성이나 차별성이 상징을 만드는 요소이다. 자신만의 독특한 능력이나 장기는 조직 관리와 대인 관계 등에서 중요한 역할을 한다.

A기업의 김사장, B기업의 오사장, C기업의 강사장 등의 특징은 성장과정에서 경영 전략, 성격, 특기 등으로 구분되어 상징적 인물로 평가받게 된다.

현대그룹의 창업자 정주영이나 마스시다그룹의 창업자 마스시다 고노스케의 공통적 특징은 상대의 이야기에 집중하여 기록하고 기록된 자료를 적극적으로 활용했던 것이 성공 요인 중의 하나였고 문제를 해결하는 방법으로 적용했던 인물로 평가 받는다.

말더듬이라고 놀림을 받은 조지 6세는 자신의 정신적 스트레스와 잘못된 말더듬이 증세를 극복한 인물로 국민적 도전 정신과 개척 정신을 심어 주었던 리더로 평가 받는다.

리더는 상징적 표상이 필요하다

리더는 자신의 상징적 표상이 긍정적이고 적극적으로 평가 받을 수 있도록 말과 행동을 보여 주어야 한다. 리더의 상징은 조직을 관리하는 과정에서 만들어지기도 한다. 불모지 벌과 해변에 제철소의 틀을 만든 박태준의 '우향우!'는 죽음을 각오로 전진할 것을 강요함으로 붙여진 애칭이다.

'우향우!'는 모든 산업의 근간이 되는 철강업 건설을 위해 노력했던 사원들에게 강한 정신력을 강조했고 한국 미래를 위해 국가관을 강조함으로써 조직원들을 똘똘 뭉치게 만들었던 리더십이었다.

리더에게는 카리스마가 필요하다

리더는 자신의 약점을 강점으로 만든다. 말을 잘하지 못한다면 행동으로 리더의 자질이나 능력으로 보여 주어야 한다. 카리스마는 강력한 힘이다. 상대보다 강한 인상이나 조직 관리 능력을 나타내는 방법으로 카리스마가 필요하다.

"술에 술 탄 듯, 물에 물 탄 듯하다."

리더가 이리저리 흔들리는 모습을 나타내면 조직원은 갈팡질팡하게 된다. 확실한 믿음과 신뢰, 확고한 방향 제시가 필요하다.

소니사의 워크맨이 대표적 상품으로 개발된 것은 이부카회장의 강력한 카리스마에 의한 결단력 때문이었다. 연구원 이라 미츠로의 워크맨 아이디어 제안은 당시 사라질 뻔했던 아이디어였으나 조직원들의 반대에도 이부카회장은 워크맨 개발을 강력하게 지시하면서 실패하면 창업자의 모든 것을 포기하겠다는 승부수를 던졌다. 라디오 기능과 녹음 기능을 결합시킨 제품은 출시와 동시에 소비자의 관심을 집중시키며 소니사의 대표 상품이 되었다.

나는 누구입니다.
나의 특징은 이것입니다.
나는 이렇게 생각합니다.

간결하고 정확하게 자신을 소개하는 사람은 뚜렷한 주관을 가지고 있으며 독특한 특징과 예리한 판단력을 가진 리더이다.

창의적 리더는 판단력이 있다. 그리고 판단력을 표현하는 설득력과 설명 능력 등을 가지고 있다. 개성에 의한 판단력과 설득력은 리더의 자질과 능력으로 평가된다. 소니사의 창업자 이부카 마사루의 특성은 호기심에 의한 새로운 기술과 상품 개발이었고 창업자에 따라서 소니사는 새로운 상품 개발로 경쟁력을 창출해 왔다.

기업은 창업자, 리더의 개성이나 특징에 따라서 경영 전략이 수립되고 조직원은 전략에 따라 개발, 판매 등을 추진한다. 이 과정에서 가장 중요한 것은 판단력과 상대를 이끌어 가는 설득력이다.

판단은 생각이지만 판단을 설명하고 상대를 이끌어 가는 것은 리더의 스피치 능력이다. 이부카는 발명에 관심을 가진 사람이고 발명을 위해 필요하다고 생각한 것을 조직원에게 전달했다. 조직원은 리더의 요구를 듣고 거기에 맞는 것을 만들어 낸 것이다.

나는 누구이며 어떠한 생각과 능력을 가지고 있으니 꿈과 비전을 함께 만들어 가자고 권유하고 설득하는 것은 리더 스피치 능력이다.

브랜드를 만드는 방법

① 장점 찾기
② 특징으로 만들기
③ 개성으로 만들기

1-2 장점으로 브랜드 만들기

나는 무엇을 잘하는가?

장점은 가장 잘하는 소질이나 능력을 찾아내 개발하여 만든다. 장점은 만들어지기보다는 찾아내는 것이다. 누구나 장점을 가지고 있다. 장점은 가장 자신 있게 잘하는 주특기가 된다.

장점 찾기

잘하는 것을 쉽게 찾는 방법은 좋아하는 것을 선택하는 것이다. 좋아하는 것은 관심도가 높아 흥미를 가지고 관찰하기 때문에 자신의 장점으로 만들 수 있다.

좋아하는 것을 선택한 사람은 즉흥적으로 답하지만 선택을 하지 못한 사람은 이것저것 생각하다가 제대로 대답을 못한다. 자신감 부족은 선택을 망설이게 만든다.

A~E 다섯 가지 장점 중에서 가장 잘하거나 자신 있는 것을 찾아서 개발하면 자신의 브랜드가 될 수 있다. 다음에 제시하는 다섯 가지 유형 중에서 어떤 것에 속하는가를 찾아 독창적이고 차별성 있는 브랜드

로 가치를 창출해 보자.

장점은 다음 5가지 유형에서 선택한다.

A – 언어형 – 말을 잘하거나 글을 잘 쓰는 사람
B – 행동형 – 신체가 발달되어 운동을 잘하는 사람
C – 기술형 – 손기술이 발달된 사람
D – 리듬형 – 리듬 감각이 있어서 예술적 감각이 있는 사람
E – 감각형 – 공간 감각이나 시각 감각이 뛰어난 사람

A – 언어형

언어형은 말을 잘하거나 글을 잘 쓰는 사람이다

  말이나 글로 상대를 이해시키고 감동시킬 수 있다면 이는 언어형에 속한다. 자신이 말할 때 상대가 쉽게 이해하고 감동 받는다면 이는 언어형이다.

  자신의 브랜드를 언어형으로 만들고 싶다면 말하는 방법이나 글 쓰는 방법을 습득해야 한다. 말은 행동과 연계되기 때문에, 소리적 표현과 행동적 표현으로 구분된다.

  말을 단순하게 소리로만 전달하거나 표현하려고 한다면 전달 효과가 없거나 적다. 말을 행동이나 기술, 리듬, 소리 등의 다양한 방법으로 표현하는 기술이 언어 브랜드가 된다. 행동, 기술, 리듬 등의 고유한 특징으로 자신의 독특한 언어를 개발하여 브랜드로 만들 수 있다.

언어 브랜드를 어떤 방법으로 어떻게 만들 것인가?

언어 브랜드를 만들기 위해서 우선 자신이 사용하는 언어가 다른 사람과 어떤 차이점이 있는가를 찾는 것부터 시작한다.

다음 도표에 언어 습관과 다른 사람과의 차이점을 대비하여 언어 브랜드를 만든다.

	자신의 언어 습관	타인과의 차이점
언어적 행동		
언어적 기술		
언어적 리듬		
언어적 특성		

언어의 행동 말하면서 움직이는 손짓, 발짓 등의 몸짓이 언어의 행동이다. 예를 들면, 습관적으로 말을 하면서 손이나 발을 떠는 동작은 상대에게 좋은 인상을 주지 못하거나 오해를 받을 수 있다. 반대로 자신의 말을 강조하는 표정이나 손짓 등은 브랜드가 될 수 있다.

언어의 기술 남보다 글을 잘 쓰거나 말을 잘하는 기술이다. 같은 말이지만 말 수단이 좋은 사람이다. 상대를 쉽게 설득하거나 알기 쉽게 말하거나 글을 쓰는 재주이다. 상대 기분 좋게 만드는 말재주, 칭찬하는 기술이나 상대의 말에 찬성 및 동조하는 맞장구 등을 인정받는 것은 자신의 브랜드가 될 수 있다.

**언어의
리듬**　　말의 억양이나 높낮이 등의 리듬이다. 지나치게 빠르게 말하거나 느리게 말하면 전달과 표현 능력이 떨어진다. 부드러운 듯하면서 강하게 자신의 주장을 정확하고 신속하게 전달하는 능력이다. 가령 작은 소리로 속삭이듯 상대를 집중시키거나 감동시키는 언어의 기술은 대인 관계를 이끌어 가는 브랜드가 될 수 있다.

**언어의
특성**　　사투리는 개인의 특징이 될 수 있다. 지나치게 심하지 않으면서 구수하고 상냥한 사투리는 언어의 개성으로 특징이 된다. 경상도의 무뚝뚝한 소리, 거친 듯하면서 매력을 가진 목소리, 날카롭지만 상냥한 목소리, 낭랑한 소리 등의 다양하고 독특한 목소리는 개인의 특성이며 브랜드가 될 수 있다.

B – 행동형

　행동형은 말보다 행동으로 표현하는 유형이다. 습관적 행동은 무의적 행동으로 나타난다. 바디랭귀지, 제스처 등은 행동의 언어이다. 행동은 신체적 발달이나 특징을 가지고 있는 사람이 자신만의 손짓, 발짓, 몸짓 등의 특징을 브랜드로 만든다. 대표적으로 히틀러, 정주영 등이 행동으로 언어를 표현했다.
　개그맨은 언어적 소리와 행동으로 자신의 브랜드를 만든다. 개그맨이 행동적 특징을 만들지 못하면 대중의 인기를 얻기 어렵다.
　행동의 브랜드는 제스처(Gesture)로 만든다. 비언어적 의사소통 중의 하나로 손이나 얼굴, 몸을 이용해 전달하는 의사소통으로 운동이나 작전을 지시할 때 사인 등에 활용하기도 한다.

행동 브랜드를 어떤 방법으로 어떻게 만들 것인가?

행동 브랜드는 자신의 행동이 다른 사람과 어떤 차이점이 있는지 찾는 것부터 시작한다. 다음 도표에 습관적 행동과 다른 사람과의 차이점을 대비하여 행동 브랜드를 만든다.

	자신의 행동 습관	타인과의 차이점
행동적 언어		
행동적 기술		
행동적 리듬		
행동의 특기		

행동적 언어 성격이 급한 사람은 말을 하기 전에 손이나 발이 먼저 상대를 억압하는 방법으로 사용되기도 한다. 또 친할 때 무의적으로 상대의 어깨를 치는 버릇이 있기도 하다. 상대가 이해를 한다면 문제가 되지 않지만 처음 만나서 친하게 지내자는 뜻으로 상대를 치는 행동은 오해를 살 수도 있다.

행동적 기술 미소 짓는 표정이 자연스러워 상대의 마음을 포근하게 안심시키는 경우이다. 어색한 미소는 부담을 주지만 자연스럽게 몸에 배인 미소는 상대를 편하게 만든다. 평소에 자연스러운 미소를 짓는 연습이 대인 관계에서 필요하다.

행동적 리듬 돌발적 상황에 대비하는 능력은 평소의 습관에서 반사적으로 나타난다. 자연스럽게 상황에 대처하고 해결하는 능력은 행동의 리듬이다. 숙달된 행동을 말한다. 정리 정돈, 솔선수범, 절제된 행동, 예의범절 등은 반복 생활 속에 습득된 리듬이다.

행동적 특기 주특기가 무엇이냐? 잘하는 것이 무엇이냐는 질문이다. 손재주나, 노래 등 행동적인 특기를 물어보는 경우가 많다. 남과 다른 능력이나 기술, 습관으로 행동이 민첩하거나 요리를 잘하거나 같은 동작이지만 다르거나 특별한 방법으로 해결하는 능력과 기술이다.

신체적 특징으로 키가 커서 유리한 행동, 작아서 유리한 행동 등을 나타내는 특기를 말한다.

C – 기술형

기술은 솜씨를 말한다. 남과 다른 솜씨는 기술적 감각이다. 요리를 잘한다거나 골프를 잘 친다거나 그림을 잘 그린다거나 하는 다양한 손재주가 기술 브랜드 개발 방법이다.

기술 브랜드는 대인 관계에서 서로의 공감대를 쉽게 형성하거나 조직원 관계를 공동 관심사로 이끌어 가는 방법이고 수단이 된다.

업무적 대화보다는 기술적 대화가 실질적 대화를 이끄는 방법이다. 업무는 딱딱하고 심리적 부담을 주지만 기술은 흥미를 유도하고 "나도 하고 싶다.", "나도 만들고 싶다."라는 의욕감을 자극시키는 스피치이다.

기술 등의 공통적 관심사로 상대와 대화하는 것이 스피치 기술이다. 스피치 기술은 소리만으로 전달하는 것이 아니다. 대화는 단순한 언어와 행동만으로 전달되는 것이 아니라 기술이나 리듬, 색상 등의 다양한 요소로 소통한다.

기술적 브랜드를 어떤 방법으로 어떻게 만들 것인가?

기술적 브랜드를 만들려면 자신의 기술이 다른 사람과 어떤 차이점이 있는가를 찾는 것부터 시작한다. 다음 도표에 기술 습관과 다른 사람과의 차이점을 대비하여 기술적 브랜드를 만든다.

	자신의 기술 습관	타인과의 차이점
외국어 기술		
관리적 기술		
사교적 기술		
전문적 기술		

외국어 기술 현대를 글로벌 시대라고 말한다. 글로벌 시대에서 대화에 쓰이는 언어는 다언어이다. 영어, 중국어, 일본어, 스페인어 등의 외국어를 얼마나 능통하게 할 수 있는가에 따라 능력을 평가 받기도 하며, 통역을 비롯한 해결사로 인정받는 시대이기도 하다. 외국어에 능통하다는 것은 고유 브랜드가 된다.

관리적 기술 대인 관계를 어떻게 관리하는가는 성공의 기준이 되기도 한다. 다양한 분야의 친구와 지인을 가지고 있다는 것은 사업이나 사건에 대한 문제 발생 시 해결하는 능력으로 평가 받는다. 인맥의 달인이라는 평가를 받는다면 귀중한 브랜드가 된다.

**사교적
기술**　원만한 대인 관계를 이끌어 가는 능력이다. 처음 만나면서 서로의 이익 관계를 만들어 가는 기술은 말 수단과 예의나 미소 등의 행동적 기술이다. 각종 세미나, 교육, 연구회 등을 비롯하여 등산이나 골프 등의 만남을 이끌어 가는 기술이다.

**전문적
기술**　현대는 자신만의 고유한 기술이 필요하다. 대인 관계는 복잡한 이해관계로 형성된다. 상대가 필요성이 없다면 대인 관계는 지속되지 않는다. 자신의 독창적 기술이나 전문 분야에서 전문성을 인정받지 못하면 사회와 조직에서 인정받지 못한다.

　기술적 전문성이나 취미나 운동 등에서 뛰어난 기술을 인정받을 수 있도록 자신의 전문성을 브랜드화해야 한다.

D – 리듬형

　리듬은 소리, 행동, 기술, 색상 등을 자신의 능력에 따라 표현하는 수단이고 방법이다. 소리에 리듬이 없다면 듣는 사람이 지루해지고 전달 효과가 없다. 그렇게 되면 상대의 마음을 움직이지 못한다. 언어의 리듬은 마음을 자극하는 방법이다.

　같은 소리, 행동, 기술, 색상 등은 특징이 없기 때문에 각자의 소리, 행동, 기술, 색상을 만들어 내는 것이 리듬이며 리듬 브랜드이다. 독특한 소리와 행동, 기술과 색상은 리듬과 조화되어 만들어진다. 목소리가 높은 사람과 낮은 사람, 행동이 빠른 사람과 느린 사람, 솜씨가 좋은 사람과 부족한 사람, 색상이 튀는 사람과 평범한 사람의 차이를 조절하는 기술이 리듬 감각이다.

리더의 브랜드는 리듬적 감각으로 상대의 마음을 움직인다. 따라서 리더는 자신의 브랜드를 조절하는 리듬 감각을 키워야 한다.

리듬 브랜드를 어떤 방법으로 어떻게 만들 것인가?

리듬 브랜드는 자신의 리듬 감각이 다른 사람과 어떤 차이점이 있는가를 찾는 것부터 시작한다. 다음 도표에 리듬 감각과 다른 사람과의 차이점을 대비하여 리듬 브랜드를 만든다.

	자신의 리듬 감각	타인과의 차이점
표현적 리듬		
연출적 리듬		
조화적 리듬		
개성적 리듬		

표현적 리듬 '자연스럽다'는 '숙달되었다'는 것과 같다. 반복하여 연습하면 말과 행동이 자연스러워진다. 표현을 잘한다는 것은 내용을 충분히 인식하고 준비가 잘 되었다는 것을 의미한다. 표현 능력은 반복된 훈련을 통해 비슷한 상황이나 사건을 해결하는 능력으로 독창적 브랜드가 될 수 있다.

연출적 리듬 연출은 자신을 상대에게 표현하는 방법으로 브랜드의 기본이다. 연출은 훈련된 표현으로 칭찬하는 기술, 미소 짓는 기술, 숙달된 기술 등이다. 잘못된 행동을 칭찬이라는 수단으로 깨닫게 만들고 화가 나는 마음을 진정시켜 미소 짓는 행동 등의 연출은 대인 관계에서 귀중한 브랜드이다.

조화적 리듬   서로 어울리게 만드는 기술은 조정 능력이다. 맞선은 서로의 장점을 부각시켜 상대를 인정하게 만드는 기술이 필요하다. '콩깍지가 씐다'는 것은 남에게는 티가 보이는데 서로에게는 티조차 아름다움으로 보인다는 의미이다. 서로 다른 소리가 만나 아름다운 소리를 만들어 내는 것은 리듬의 하모니이다. 조정자나 조절자로 인정받는 것은 대인 관계에서 브랜드이다.

개성적 리듬   리듬은 자연스럽게 나타낼 수 있는 숙달된 것으로 개성은 몸에 숙달된 능력이다. 자신의 개성이 무엇인가를 파악하여 브랜드로 만들어야 경쟁력 있는 브랜드가 된다.

E – 감각형

각자의 언어, 행동, 기술, 리듬에는 독창적 감각이 있다.

브랜드는 남과 다른 특징으로 차별성을 만든다. 남들이 표현하지 못하는 독특한 표현 능력이다. 임기응변, 민첩한 판단력, 전문적 기술, 친화력이나 조화력 등의 센서는 감각으로 독창적 브랜드가 된다.

또한 평소의 습관이나 버릇으로 차별성을 만들 수도 있다. 평소 행동에서 장점을 브랜드로 만들어 내는 방법이다. 버릇이나 습관은 단점이지만 상대적으로 좋은 버릇이나 습관은 나만의 브랜드가 될 수 있다.

언어, 행동, 기술, 리듬 등의 습관이나 버릇, 소질이나 능력을 독특한 언어, 행동, 기술, 리듬으로 만들면 독창적 경쟁력의 브랜드가 된다. 남과 다른 독창적 언어 능력, 행동 및 기술 능력 등은 차별화된 브랜드로 창출된다.

감각적 특징 브랜드를 어떤 방법으로 어떻게 만들 것인가?

특징 브랜드는 다른 사람의 차이점, 다른 점을 찾는 것부터 시작한다. 다음 도표에서 자신과 타인의 습관이나 생활 방식의 차이점과 다른 점을 비교하여 감각적 특징 브랜드를 만든다.

	자신의 습관적 특징	타인과의 차이점, 다른점
언어적 감각		
행동적 감각		
기술적 감각		
리듬적 감각		

언어적 감각 배우지도 않았는데 말을 잘하고 글을 잘 쓰는 것은 언어적 감각을 가지고 있기 때문이다. 돌발적인 질문이나 상황이 발생해도 침착하게 임기응변으로 상대를 설득하고 위기를 기회로 만들어가는 능력은 감각이다.

유머 감각이나 칭찬 기술은 상황을 이끌어 가는 언어 감각으로 선천적으로 타고나지 않았다면 후천적으로 습득하여 브랜드로 만들 필요가 있다.

**행동적
감각**   순발력은 행동의 감각에서 나온다. 솔선수범이나 시범적 행동으로 조직원을 이끌어 가는 리더십은 행동 감각이다. 리더가 먼저 출근하고 나중에 퇴근하는 것은 시범적 행동이면서 모범적인 행동이다. 올바른 습관이나 생활 방식은 행동적 브랜드가 된다.

**기술적
감각**   전문적 기술은 전문가로 인정받는 브랜드 항목이다. 뛰어난 손재주는 감각에서 나온다. 눈으로 보고 모방품을 만들어 내는 기술은 선천적 감각으로 기술 브랜드 가치가 크다.

**리듬적
감각**   대인 관계를 조화롭게 이끌어 가고 하모니를 통한 조직의 리듬을 이끌어 가는 기술은 리듬적 감각이다. 분위기를 정확하게 파악하고 분석하여 서로 간의 문제점을 이해시키거나 조정하는 능력을 타고나는 감각이다. 해결사로 불리는 것은 리듬의 브랜드이다. 리더는 조직원 간 협력하도록 유도하는 능력이 필요하다.

리더는 조직원을 감동시키는 공감대를 만들어야 한다

"우리 사장님은 마음을 편하게 만들어 주시더라!"
설득력은 상대의 마음을 움직이는 힘이다. 상대의 입장에서 동료이고 상시이며 인생의 선배로 공감하는 대화는 상대 마음을 움직이는 능력으로 나타난다.
"오늘 아침 사장님으로부터 메일을 받았다."
설득력이 부족하다면 글을 써서 조직원의 마음을 움직일 수도 있다. 간단한 편지나 메일을 이용하여 조직원에게 글을 보내는 방법도 조직원의 마음을 공감한다는 의사표시 방법이 된다.

"지난번 등산에서 사장님의 고충을 알게 되었어."

대화는 말과 글에 의한 언어적 대화와 등산이나 운동 등을 통해 조직원과 함께 몸을 부딪치며 느끼는 행동적 대화 방법이 있다.

"사장님이 기계를 그렇게 잘 다루는지 몰랐네."

현장 기계를 고치거나 물건을 만들면서 서로의 기술을 교류하는 방법도 조직원과 공감대를 형성하는 방법이다.

"악기 연주를 그처럼 잘하시는 것에 감탄했어."

"미술 작품 설명을 듣고 놀랐다."

음악 감상회나 미술 전시회 등의 활동을 통해 조직원과 작품에 대한 감상을 나누며 서로의 공감대를 형성한다. 업무적 관계보다 예술적 취미 등으로 자연스럽게 조직원과의 만남을 만드는 것도 서로의 이해 공간을 만드는 방법이다.

조직원을 이끄는 비결은 공감대를 만드는 대화 기술이다.
리더의 장점, 조직원 장점의 공통점은 원활한 대화 수단이 된다.
대화는 언어적 대화와 행동적 대화로 구분된다.
리더의 장점으로 대화하는 방법을 찾는다.

1-3 특징으로 브랜드 만들기

　브랜드는 독창적 특징이 있어야 한다. 비슷한 브랜드는 경쟁력이 없기 때문에 독창적 특징이 차별성으로 경쟁력을 창출시킨다.
　말을 잘한다는 것도 차이가 있다. 지속적으로 말을 이어가는 사람, 설명 능력이 뛰어나 상대가 이해하기 쉽게 말하는 사람, 설득력이 뛰어난 사람 등 말을 잘한다는 것에도 여러 유형이 있듯이 특징이 있어야 한다.
　말을 더듬는 듯한 것으로 상대를 끌어당기는 기술은 말하는 특징이다. 더듬는 말은 상대를 긴장시키고 호기심을 자극하는 화술이다.
　큰소리로 정확하게 발음하면 상대를 압도하면서 이끌어 가지만 작은 소리는 상대가 귀를 기울여 듣지 않는다면 흘러가는 소리가 된다. 적당한 소리로 정확하게 말하는 것이 스피치 기술이다.
　습관적으로 더듬거리지만 전달할 내용을 정확하게 설명하는 능력은 특징이고 개성이다. 때로는 적절한 사투리가 상대의 감정을 자극하는 것과 같다.
　말을 느리게 하면 상대는 답답함을 느낀다. 느리게 말하지만 상대를 이끌어 가는 것은 기술이다. 적절하게 말의 속도를 조절하기 때문이다. 속도를 조절하지 못하면 상대는 듣는 것을 포기하지만 조절하면 관심을 집중시킬 수 있다.
　느리게 말하거나 약간 더듬는 것이 특징이 될 수 있다. 습관적으로 강조하는 단어와 발음 등은 특징이다. 사투리나 좋아하는 단어는 습관적 행동이다. 이처럼 특징은 습관에서 만들어진다. 자신의 습관을 무조건 버리지 말고 자신만의 브랜드로 개발하는 것이 리더의 개성이고 특징으로 만드는 방법이다.

약점과 장점이 차별화된 브랜드가 될 수 있다

브랜드는 남과 다른 특징이고 차별성이라고 할 수 있으며 고유 브랜드는 전통, 경험, 습관, 독창성 등에서 만들어진다.

고집과 아집은 폐습이지만 고집과 아집을 전통성으로 재창출하면 브랜드가 된다. 100년의 전통을 유지한 맛집이 당시에는 인정받지 못했지만 100년 후에는 다른 맛집과의 차별화로 브랜드가 되는 것이다.

채플린은 자신의 약점을 보완하고 특징으로 개발하여 트레이드 마크로 삼았고 상징적 브랜드로 경쟁력을 만들었다. 넘어지고 자빠지는 연기는 약점이었지만 결국 그것이 장점이 되어 성공했다.

히틀러의 콧수염은 왜소한 외모의 약점을 강한 인상으로 보여 주며 장점이 되었다. 평범한 얼굴은 오래 기억되지 않지만 특징을 가진 얼굴은 오래 기억되는 것을 이용하여 브랜드를 만드는 방법은 많이 사용하고 있다.

약점을 보완하면 장점이 되며 이러한 과정에서 브랜드를 만드는 아이디어가 나온다. 리더는 자신의 장점과 약점을 찾아내어 어떤 브랜드를 만들 것인가를 찾는다. 장점과 약점은 특징이다. 남과 다른 생각이고 행동이기 때문에 자신만의 브랜드로 만들기 쉽다.

1-4 개성으로 브랜드 만들기

흔히 "개성 있는 사람이다."에서 말하는 '개성'은 독창적 능력을 말한다. 개성은 경험과 배경, 전문 지식과 정보를 자기 방식으로 새롭게 만들어 낸 독창성이다. 같은 조건과 환경을 자신의 특징으로 나타내는 기술이 개성이다. 개성은 자신의 가치를 높이고 남과의 경쟁에서 이길 수 있는 무기가 될 수 있다.

상품의 개성은 상품이 지니고 있는 독창적 기술로 만들어진 기능이다. 리더의 개성은 경험과 능력으로 만들어진 능력으로 원활한 조직 관리와 대인 관계에서 나타난다.

조직원의 마음을 움직이는 기술로 개성이 중요하다. 칭기즈칸은 떠돌던 민족을 정착시키기 위한 생각을 자신의 욕구와 결합시켜 인류사상 가장 큰 대륙을 차지했다. 칭기즈칸의 특징은 늑대의 기질이었기 때문에 그를 '잿빛 푸른 늑대'라고 불렀다. 어려서 아버지를 잃고 늑대처럼 고독하게 살았기 때문에 붙여진 브랜드였다.

개성은 성장 과정에서 만들어진다. 성장 배경이나 성장 과정에서 학습된 것이 개성으로 나타난다. 기업의 상품도 창업 환경이나 배경이 브랜드가 되는 것과 같다. 개성은 성격, 취미, 특기, 선호도 등으로 생김새, 행동, 기술, 독특한 감각 등으로 구분된다.

"개성 있게 생겼다."
"개성 있게 행동한다."
"개성 있게 그렸다."
"개성 있게 만들었다."

남과 다른 개인만의 독창적 요소가 개성 브랜드이다

"개성 있는 연기를 한다." 사람에게 개성은 독특한 경쟁력이다. 개성이 있으면 어떤 역할이라도 자신의 주특기에 맞추어 새롭게 만들어 내는 능력을 발휘한다. 리더에게 개성은 독특한 능력으로 브랜드 가치이다.

개성을 만드는 요소

① 언어적 개성　　② 행동적 개성
③ 기술적 개성　　④ 리듬적 개성
⑤ 감각적 개성

언어적 개성은 자신의 언어 습관이나 방법에 따라 새롭게 묘사하는 언어 능력이고 행동적 개성은 자신의 몸 규격이나 행동 습관에 따라서 연출하는 능력이다.

개성은 독특한 요리 등의 기술로 나타낸다. 같은 재료이지만 개성(습성이나 습관)에 따라서 전통적 요리를 만들어 다른 맛을 만드는 것이다. 사투리가 지역 특성의 말씨로 예술적 감각으로 나타나는 것은 리듬적 개성이다.

지역적 풍습과 문화는 개성 있는 감각을 만들었다. 지역에 따라서 선호하는 색상이 다르고 색상에 따라서 의상이 다른 것과 같은 문화와 생활 방식을 표시하는 색상은 지역 특성의 색상 브랜드이다.

제품이나 기업 이미지의 특성은 지역 특성이나 문화 등의 개성에서 만들어진다. 리더의 개성은 조직의 독창적 특성으로 다른 상품이나 기업과 경쟁하는 브랜드로 가치를 창출하는 비결이다.

Speech Technique

Chapter 02

나의 스피치 기술

- 2-1 성공 스피치 기술
- 2-2 카리스마 스피치 기술
- 2-3 보이스 트레이닝 방법
- 2-4 리더의 유머 기술
- 2-5 회의 진행 스피치 기술
- 2-6 자기 관리 스피치 기술
- 2-7 조직 관리 스피치 기술
- 2-8 대인 관리 스피치 기술
- 2-9 이미지 관리 스피치 기술
- 2-10 상황 대처 스피치 기술
- 2-11 접대 스피치 기술
- 2-12 칭찬 스피치 기술

2-1 성공 스피치 기술

Make a speech란 말은 만들어 가는 것을 의미하지만 스피치 능력에 따라서 상대를 감동시킬 수도 있고 무슨 말을 했는지 이해하지 못하게 만들 수도 있다.

말하는 것을 기술이라고 하는 이유는 무엇인가?

같은 내용을 표현하고 전달하는 방법에 따라서 결정된다. 따라서 상대가 쉽고 정확하게 이해하도록 전달하고 표현하는 방법이 필요하기 때문에 각자의 말하는 능력을 훈련으로 습득할 수 있다.

언어는 말과 글로 표현된다. 어떻게 어떤 단어로 꾸밀 것인가?

말은 소리로 나타나고 글은 문장으로 나타난다. 말이 스피치이다.

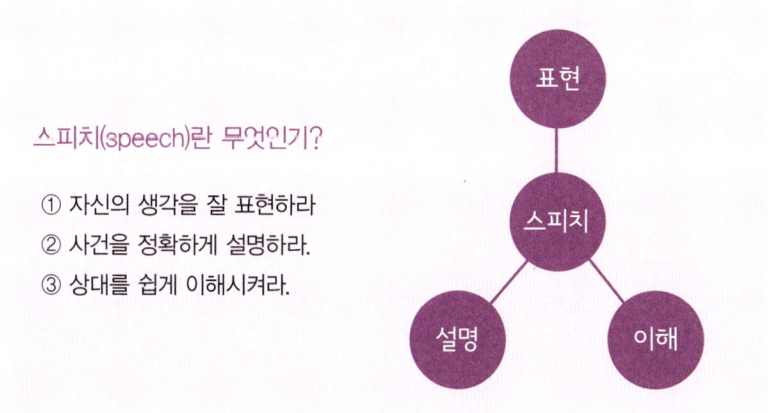

스피치(speech)란 무엇인가?
① 자신의 생각을 잘 표현하라
② 사건을 정확하게 설명하라.
③ 상대를 쉽게 이해시켜라.

간단하고 정확하고 쉽게 표현하거나 설명하거나 이해시키는 능력을 스피치라고 한다. 따라서 스피치는 말과 행동, 표현이나 설명, 이해를 위해 필요한 다양한 도구를 사용하는 능력이다.

리더는 다양한 성격, 소질, 능력, 직급, 언어, 습관 등을 가진 조직원을 대상으로 자신의 경영 철학이나 방향을 제시하여 조직원이 적극적으로 동참하도록 유도함으로써 조직의 경쟁력을 창출시키는 스피치 능력이 필요하다. 21세기는 리더가 직접 상품을 설명하는 능력을 요구하는 시대이다.

성공한 리더의 스피치 기술

자신감을 심어 주어라!

무능한 리더와 유능한 리더의 차이는 긍정적 언어로 꿈을 심어주는 것과 부정적 언어로 꿈을 자르는 스피치의 차이다.

리더의 말 한 마디가 사원들에게 희망과 꿈을 심어 준다. 리더는 긍정적 단어만을 사용해야 한다. 어떠한 경우에도 리더는 부정적 단어를 사용해서는 안 된다. 희망과 꿈을 잃은 사원들에게 새로운 꿈과 희망을 심어 주는 것은 리더의 한 마디 말이다.

"당신들은 결코 패자가 아니다!"

LG카드를 회생시킨 박해춘 사장이 직원들에게 자신감을 심어 준 말이다. 부도난 회사 직원들은 주눅이 들어 있다. '패잔병'이라는 자격지심은 회사 근무를 힘들게 만든다. 능력 있는 사원은 다른 회사로 움직이게 마련이다. 워크아웃이나 법정 관리에 들어가면 능한 인재들이 이탈하게 된다.

당신들은 패자가 아니라는 자신감을 심어 주면서 문제 해결을 위해 사원 관리에 노력했다. 풍부한 경험을 가진 사원들 간에 회사 회생이라는 공동체 의식이 형성되면서 급속하게 LG카드는 회복했다.

리더의 긍정적인 꿈과 희망이 망한 기업을 회생시키는 원동력이 되었다. 언어의 힘은 긍정적 단어와 부정적 단어의 차이에서 나온다. 긍정적 단어는 가능성을 자극하고 도전과 개척의 힘이 된다. 리더의 자신감이 사원들의 자신감으로 새롭게 만들어지는 것이다.

말보다 행동으로 실천하는 리더가 되라

"난 점령군이 아니다. 함께 얘기하자!"

법정 관리 회사에 새로 부임하는 사장은 점령군으로 취급된다. 더구나 회생을 위한 구조 조정이나 개혁을 말하면 완전한 점령군 사령관으로 인식된다.

하이닉스반도체 부활을 주도한 우의제 사장은 직접 현장을 다니며 직원과 관계 형성에 노력했다. 공장의 작업장을 살펴본 이후에는 식당으로 갔다. 주걱과 국자를 들고 직접 배식을 하며 직원과의 거리를 좁히기 위해 '퍼주기' 실천을 한 것이다.

직원은 지시와 명령보다 행동으로 실천하는 리더를 믿고 신뢰한다. 어떤 말보다도 행동으로 보여 주는 것이 직원과의 거리감을 없애고 관계를 빠르게 형성시킨다. 말보다 행동을 실천하는 리더이다.

리더의 스피치는 행동으로 보여 주는 것이다. 리더의 말에 신뢰를 얻기 까지 리더는 행동으로 말과 행동이 일치한다는 것을 보여 주는 노력이 필요하다.

"그 사람 또 입 열었네."

말만 강조하고 실천이 없다면 조직원은 '입 열었네'로 취급한다. 아무리 말로 확실하다고 주장해도 행동과 실천이 없는 리더를 존경하고 따르는 조직원은 없다. '늑대와 소년' 이야기에서 리더의 말이 얼마나 중요한 것인가를 알 수 있다. 평소에 실천하지 못하는 리더는 정작 늑대가 나타나는 현실을 인정받지 못하는 것이다.

리더는 간결하고 정확하게 말하고 행동과 일치시켜야 한다.

말은 표현이고 연출이다

생각은 형태가 없다. 상대에게 생각을 전달하려면 보이지 않는 생각을 전달하는 방법이 필요하다. 전달하는 상품은 전달 과정에서 상품에 대한 설명을 보충하여 정확하게 상품의 가치를 창출할 수 있지만 보이지 않는 생각을 전달하려면 정확한 표현 방법이 필요하다. 정확하다는 것은 발음의 정확성이다.

발음이 정확한 사람은 전달 내용이 부족한 경우에도 상대가 이해할 수 있지만 발음이 정확하지 못한 사람은 전달 내용이 확실해도 상대가 이해하지 못하는 경우가 발생한다. 따라서 표현은 내용물에 대한 간접적 전달 기능도 담당하고 있다.

"저 어떻게 말해야 하는지 잘 모르겠는데요……."라고 전달하는 과정에 대해 확실성이 없으면 상대는 집중하지 않는다. 자신감이 없거나 과정과 결과에 대한 제시가 없다면 상대는 집중해서 듣지 않게 된다.

"그럼 말하지 마세요."

대화는 확실성이 없으면 이처럼 중단되고 만다.

"그것은 이렇게 된 것입니다."

정확하게 모르지만 또렷하게 제시하는 말에 상대는 집중한다. "이렇게 된 것이랍니다."라는 말은, 자신의 생각이 아니라 전달 받았거나 듣고 말하는 것으로 확실성은 없지만 상대의 관심을 자극하게 된다.

"이렇게 된 일입니다." 똑같이 전달 받은 이야기이지만 이렇게 되었다는 결과를 제시할 때 확실성을 가지고 경청한다. "이것이다."라는 과정이나 결과에 대한 제시 방법이 표현이다. 표현을 나타내는 방법은 말과 행동으로 구분된다.

표현 방법은 정확한 발음으로 자신감을 표현하는 방법과 행동으로 보여 주는 제시 방법이 있다. 정확하게 말하지 못하는 것은 내용을 확실하게 모르는 경우이지만 습관적으로 대중 앞에서 말하는 것을 두려워하는 경우에도 나타난다. 대화에 아무런 문제가 없는데 대중 앞에서 말을 하거나 발표를 하거나 할 때 말을 더듬거리거나 말소리가 작아서 상대가 알아듣지 못하는 경우는 표현이나 연출의 부족 때문이다.

21세기는 자기 PR시대이다

자신의 장점과 특기 등을 네트워크로 알려 개인의 경쟁력을 창출하고 있다. 자신의 생각을 정확하게 전달하고 표현함으로써 가치를 창출한다. 언제까지나 상대가 자신을 이해해 주기를 바라는 시대가 아니다. 적극적으로 자신의 생각과 아이디어를 제시함으로써 능력을 인정받는다. 조직원으로 역할을 하기 위해서도 조직에서 자신의 필요성을 제시한다. 문제 해결에 대한 자신의 의견을 제시하고 서로의 생각을 공유하기 위해 대화와 토론을 한다. 올바른 대화 자세와 명료하고 정확하게 표현하는 기술이 필요하다.

리더는 언제든지 자신의 상품을 설명할 수 있는 능력을 가지고 있어야 한다. 상대의 질문에 대비하여 다양한 해답을 준비하고 자신 있게 설명하는 준비가 필요하다.

상품을 설명한다면 상품의 모양, 기능 등을 보여 주는 방법이다. 신상품의 특징을 설명할 때 상품의 구조와 성능 등을 실험한 자료를 제시함으로써 신뢰감을 높이는 방법이다.

21세기 리더형 - 스티브 잡스

어느 날 스티브 잡스는 청바지 차림에 검은색 티셔츠를 입고 신상품 개발 발표회에 나타났다. 신상품 출시를 대대적으로 홍보했을 때 개발팀장이나 홍보팀장이 설명할 것으로 예상했다. 의외적인 사건이었다. 리더가 직접 상품을 들고 나오는 경우는 극히 드물었기 때문에 모두의 시선이 집중되었다.

직원을 지시하고 명령하던 시대는 지났다. 각자가 스스로 업무를 파악하고 개발하는 조직 시스템이 경쟁력을 창출한다. 따라서 리더는 조직 관리에서 상품 홍보까지 총체적으로 설명하는 능력을 갖추고 있어야 한다.

스티브 잡스는 상품 개발을 위한 제안과 개발 과정에서 발생하는 다양한 아이디어를 듣고 자신의 생각도 전달하며 신상품 개발에 적극 참여했다. 개발된 상품을 홍보하는 것도 리더의 역할이라고 판단하여 직접 신상품 발표회에서 상품을 소개함으로써 상품에 대한 소비자의 신뢰감을 형성하는 스피치 능력을 평가 받았다.

스티브 잡스의 상품 소개는 소비자에게 무한의 신뢰감을 형성하는 계기가 되었고 이를 통해 상품 판매는 급격하게 상승했다. 소비자와 기업 책임자인 리더의 신뢰감이 형성되었기 때문이다. 스티브 잡스와 같이 리더가 상품을 직접 소개하는 것이 유행이 되고 있다.

스티브 잡스는 21세기 리더이다

상품 개발에서 판매 홍보까지를 책임지는 리더의 모습에서 다양한 상품의 경쟁력을 창출하는 전략은 글로벌 시장 환경에서 전 사원의 무한 책임을 보여 주는 마케팅 전략으로 많은 기업 리더에게 모범이 되었다.

21세기 기업 환경은 리더가 행동으로 보여 주는 스피치 능력을 요구하고 있다. 미국의 대통령이 비즈니스맨이라고 자칭하며 자신의 가방을 직접 들고 다닌다. 리더는 지시와 명령보다는 직원과 함께 생각하고 행동하는 시대이다. 소비자의 입장에서 상품을 개발하고 판매하는 서비스를 요구하고 있다.

리더는 기업의 모든 문제에 대한 토론에 참여하여 조직원이 제안하는 문제점과 개선점 및 혁신 아이디어를 수집한다. 조직원의 제안과 소비자의 요구를 직접 들으며 문제를 해결하는 해결사 역할에서 긍정적인 표현과 적극적인 행동의 연출이 필요하다.

스티브 잡스의 스피치 기술 분석

자신의 생각을 표현하라

스티브 잡스는 상품을 설명할 때 직접 상품을 보여 주면서 상품에 대한 정보를 PPT로 설명한다. 기존 상품에 대한 장점과 단점을 비교하면서 사용상 불편했던 점이나 새롭게 필요한 부분을 지적하면서 개발된 상품에 대한 특징을 설명한다.

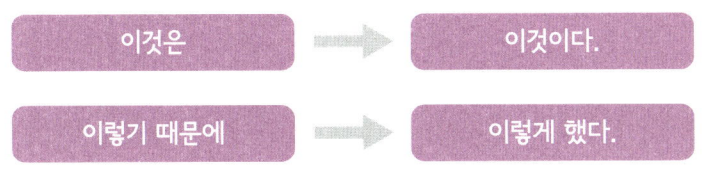

"이것은 좋다. 이런 기능도 있고 저런 기능도 있다."라는 설명보다는, "이렇기 때문에 이런 점을 이렇게 보완해서 만들었다. 그래서 이런 기능이 이렇게 향상되었다."라고 설명하는 것이 소비자에게 신뢰감을 주어 구매 욕구를 자극한다. '왜 상품을 개발했는가?'에 대한 소개는 상품 특징과 다른 상품과의 차별화를 제시하는 설명 기술이다.

'생각을 어떻게 전달할 것인가?'라는 기술은 표현 기술이다. 직접적 설명보다는 간접적 설명이 설득력이 높다. 따라서 상품을 보여 주면서 상품의 내용을 구체적으로 PPT로 설명하는 방법은 표현 기술이다.

조직원에게 정당성과 타당성을 제시한다. 무조건 하라는 것보다는 왜 해야 하는가에 대한 타당성을 제시하고 자신이 할 수 있다는 정당성을 주장하도록 유도한다. 즉 스피치 기술은 유도의 기술이다.

정당성, 당위성을 제시하여 스스로 자신이 해야겠다는 타당성을 주장하도록 유도한다. 자신이 문제 해결의 적임자라는 주장을 하도록 분위기를 연출하는 것은 히틀러의 조직관리 기술이었다. 서로가 충성을 맹세하고 행동으로 보여 주는 조직 관리에서 히틀러 조직은 막강한 힘을 발휘했다.

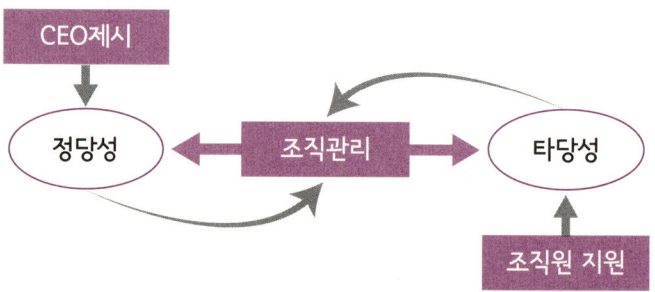

리더는 조직원에게 일에 대한 정당성을 제시하고 정당성에 대한 각자의 생각을 말하도록 유도한다. 조직원들은 조직을 위해 무엇을 할 것인가, 리더의 당위성에 자신의 필요성을 타인이 인정할 수 있도록 타당성

을 주장하거나 보여 주도록 분위기를 만든다.

히틀러는 민족주의를 제시함으로 조직원들이 민족주의를 이끌어 가는 적임자라는 주장을 하도록 유도했다. 또 과잉 충성 맹세를 하도록 유도하는 스피치 기술로 독일 국민의 감정을 자극해 뭉치도록 만들었다. 이러한 연출을 위해 히틀러는 배우를 통해서 말하는 속도와 동작, 표정 등을 연구하여 분위기를 조성했다.

스티브 잡스는 지속적인 개발을 통해 소비자의 욕구를 충족시키는 시장 전략을 추구했다. 신제품 개발 후 얼마 안 되어 새로운 기능의 제품을 출시함으로써 소비자에게 신제품 구입의 정당성을 제시했다.

- 말과 행동이 일치해야 한다

무엇 때문에 소비자는 리더의 말을 신뢰하는가?

언제부터인가 광고 모델로 리더가 등장했다. 상품의 질을 리더가 보장하고 책임지겠다는 의지의 표현이다. 소비자에게는 신뢰감 이상의 상품 보증을 심어 주는 광고 전략이다.

언어를 전달하는 수단은 스피치이지만 무언의 스피치도 있다. 기업이나 상품 이미지 홍보에는 무언의 메시지가 필요하다. 리더의 광고 등장은 무언의 스피치를 보여 주는 행위이다. 무언의 스피치는 말하는 사람의 인격, 품격 등이 자세와 복장으로 표현된다.

스피치는 소리로만 표현되는 것이 아니다. 말하는 사람의 자세와 복장, 말하는 장소의 배경 등의 무언의 스피치 또한 신뢰감을 만드는 요소이다.

스티브 잡스가 등장한다고 하면 소비자들은 새로운 호기심에 집중한다. 이번에는 어떤 기능을 가진 휴대전화가 등장할 것인가에 대한 기대이다. 무엇 때문에 스티브 잡스가 설명하면 신뢰감을 가지는 것인가?

스티브 잡스는 항상 새로운 것에 도전하고 새로운 기술과 상품을 소개한다는 기대치가 있기 때문이다. 리더의 스피치는 단순한 언어 기술보다 리더가 지니고 있는 경험과 능력으로 포장된다.

리더는 항상 자신의 말에 책임지는 행동이 중요하다.

말의 신뢰감을 만드는 것은 행동이다. 따라서 말을 할 때 손짓이나 표정은 상대에게 믿음을 줄 수 있도록 자신감을 표현해야 한다. 불안한 표정이나 손짓 등은 상대에게 신뢰감을 주지 못한다.

사건을 정확하게 설명하라

마거릿 대처 수상은 탄광 노동 파업을 진압하는 과정에서 발생한 사건을 공개함으로써 정해진 규칙을 지키는 법치(the rule of the law)를 폭력으로 해결하는 폭치(the rule of the mob)로 뒤바꾸려는 책동이기 때문에 강력하게 진압했다는 정당성을 주장했고, 그 결과 국민의 공감대를 이끌어 냈다.

사건 제시는 상대에게 공감대를 이끌어 내는 설명 기술이다. 사건에 대해 궁금증이나 의문점을 가지면 아무리 설명을 해도 믿지 않는다. 보지 않고 말하는 추측은 긍정보다는 부정을 상상하게 만든다.

폭동의 근원은 사건의 오보에서 시작된다.

소문은 발이 없다고 한다. 작은 의문점이나 호기심에서 시작된 한 마디가 여러 사람을 통해 전달되면서 말이 늘어나 존재하지 않는 사건이 현실로 와전되어 조직을 흔드는 사건이 될 수도 있다.

조직에서 소문은 문제 발생 근원이다. 추측이나 상상에서 부정적 요인이 발생한다. 공개 경영이 필요한 이유가 필요 없는 소문을 사전에 예방하기 위함이다.

> "이번에 해외 지사에 OOO가 갈 것이래."
> "이번 인사는 무조건 5%를 감원한대."
> "이번에 제안하지 않은 사람은 감원 대상이래."

리더가 모르는 소문이 조직을 흔드는 경우가 많다. 말은 전달되면서 확산된다. 소문은 확대되면서 존재하지 않는 것이 현실로 만들어진다. 리더는 가능한 한 공개적으로 사건을 정확하게 설명하는 직설적 설명 기술이 필요하다.

대부분의 리더는 정확한 설명보다는 간접적인 설명이나 비유를 통해 조직원들의 상상을 자극한다. 일류 기업 리더들의 화법은 비유보다는 직설적인 방법이다.

스티브 잡스가 소비자의 관심을 얻는 이유는 직설적 방법으로 애플 상품을 설명하기 때문이다. 짧고 간결한 설명은 직설적으로 설명하는 기술이다. 직설적으로 기능에 대한 궁금증을 자극시킴으로 고객이 상품을 구매하도록 유도하는 설명 기술이다.

- 스티브 잡스는 아이패드의 기능을 7가지로 정리하여 설명했다

① Browsing (웹 브라우징)
② Email (이메일)
③ Photos (사진)
④ Video (동영상)
⑤ Music (음악)
⑥ Games (게임)
⑦ eBooks (전자책)

프레젠테이션으로 7가지 기능을 보여 주며 기능을 활용하여 무엇을 할 수 있는가에 대한 궁금증을 자극함으로써 소비자가 구매하도록 유도했다.

상대를 쉽게 이해시켜라

히틀러의 강력한 스피치 기술, 처칠이나 대처가 영국 국민을 설득시

킨 스피치 기술은 단순한 말 기술이 아니라 히틀러의 군인 경험, 처칠이나 대처의 역경 극복 사례에 대한 신뢰감이 감동과 감격을 이끌어 내는 스피치 기술이 되었다.

- "상대가 무엇을 생각하는가를 파악하라!"

히틀러는 강력한 국가가 되는 방법이 민족주의라고 설명하면서 공감대를 형성했고 처칠이나 대처는 자신이 경험했던 역경 극복 사례로 국민을 설득했다. 상대가 무엇을 생각하고 있는가를 파악하는 방법은 상대와의 끝없는 대화이다.

리더는 조직원들과의 대화가 중요하다. 조직원들이 무엇을 원하고 있으며 하고 싶어 하는 일이 무엇인지에 대한 의견을 수집하고 조직원들이 동참할 수 있는 공간을 만들어 주는 것이다.

대화는 목적 없이 서로의 생각을 나누는 이야기이다.

상대를 편안하게 만들어 주는 대화 기술은 가장 평범한 주제로 이야기를 나누는 방법이다. 세상 사는 이야기는 세상 사는 방법에 대한 이야기로 발전하기 때문에 리더는 업무적 대화보다는 세상 사는 이야기에서 업무적 대화로 이끌어 가는 기술이 필요하다.

- "쉽고 편한 대화를 하라!"

상대를 이해시키려고 하면 상대는 경계한다.

말의 기술은 이해시키는 기술이 아니라 쉽고 편하게 나누는 기술이다. 코미디, 개그 등을 즐기는 이유는 그들이 스스로 망가지는 모습에서 만족감, 우월감, 동질감을 느끼기 때문이다. 군복을 입으면 모두가 편하게 군대 이야기를 나눈다. 또 사생활 이야기도 거침없이 나누고 함께 뒹굴며 부담 없는 말과 행동을 하는 것과 같다.

성공 리더의 테크닉 만들기

상대 마음을 움직이는 스피치 테크닉 10가지

① 상대 눈높이에 맞춰서 말하라.
② 상대가 요구하는 것을 찾아라.
③ 상대 입장에서 이야기하라
④ 상대와 같은 조건에서 말하라.
⑤ 상대와 공감대를 만들어라.
⑥ 상대 이야기를 듣고 말하라.
⑦ 먼저 말하지 말라.
⑧ 자신의 입장을 고백하라.
⑨ 공통 관심사를 이끌어 내라.
⑩ 가끔씩 속삭이듯 작게 말하라

리더의 스피치 기술은
많은 설명보다는 간략하고 정확한 설명이다.
100자를 50자로 줄이고 50자를
10자로 줄이는 스피치 연습이
창의적 조직 관리 리더의 스피치 기술 훈련 방법이다.

스피치 테크닉

상대 눈높이에 맞춰서 말하라

말은 상대적이다. 상대가 이해하지 못하거나 알아듣지 못하는 말은 의미가 없다. 사장님이 열심히 일하는 직원의 모습을 보고 칭찬의 말 한 마디를 하고 갔다. 직원들 간에 이야깃거리가 되었다.
"금상첨화!"
신입 사원이 선배에게 물었다.
"무슨 말씀이죠?"
"열심히 일하라고 격려하신 거야!"
이 말을 듣고 있던 김대리가 끼어들었다.
"그게 열심히 일하라는 것인가?"
말이 오가며 서로 다른 해석을 했다. 이과장이 모두를 모이라고 했다. 그는 웃음을 지으며 말했다.
"오늘 사장님께서 말씀하신 의미는 우리가 봉사하러 왔으니 봉사도 하고 단합도 하여 보람을 가졌으면 좋겠다는 뜻입니다."
말은 가치와 효능을 창출하는 자신의 브랜드이다. 같은 말을 듣고도 서로 이해하는 방향이 다른 것이 말이다. 따라서 말은 상대에 따라서 어떻게 말을 할 것인가를 정리하여 상대가 이해할 수 있도록 표현해야 한다. 아무리 좋은 말도 상대가 알아듣지 못하면 말의 가치와 효능이 없게 된다.

A형 "저 사람은 입만 벌리면 욕이야."
B형 "어쩌면 저렇게 인품 있는 말을 할 수 있을까?"
A형 "무슨 말인지 도무지 알 수가 없어."
B형 "쉽게 말하는데 정말 의미 있는 말이야!"

A형은 상대를 생각하지 않고 말하고 싶은 대로 말하는 사람으로 주변으로부터 인정을 받지 못하지만 B형은 상대를 생각하고 말하기 때문에 주변의 인정을 받는 사람이다.

"기분 나는 대로 말하면 듣는 사람은 감정이 없는 줄 아나!" 자신의 기분이 좋으면 좋게 말하고 나쁘면 나쁜 대로 표현하는 사람이 있다. 말은 표현이라고 했다. 상대가 어떤 상태인가를 파악하고 말하면 농담도 이해하지만 상대 입장을 생각하지 않고 말하면 가벼운 농담도 큰 오해와 갈등의 불씨가 된다.

하나의 명언이나 문자를 인용할 때 상대의 수준이 어느 정도인가를 먼저 파악한다.

초등학생에게는 초등학생이 이해할 수 있는 말을 하고 중고등학생에게는 그에 알맞은 단어와 문장으로 전달해야 한다. 대학생에게 초등학생 수준의 이야기를 하고 초등학생에게 대학생 수준의 말을 한다면 상대를 파악하지 못하고 일방적으로 자신의 생각을 표현하는 실수를 하게 된다.

말을 잘하는 사람의 첫 번째 비결은 상대를 파악하고 상대 눈높이에 적합한 방법으로 표현하는 것이다. '금상첨화'라는 사장님의 한 마디를 사원마다 다르게 해석한 이유는 사원들의 눈높이가 다르기 때문이다.

다양한 인적 구성을 가진 조직은, 정확히 내용을 파악한 사람이 이해하지 못한 사람에게 전달하는 것이 효과적이다. 메시지는 조직을 이끌어 가는 말 기술의 하나이다.

말은 상대 수준에 따라 어떻게 표현할 것인가를 찾는다.
상대가 이해하지 못하는 말은 가치와 효능을 상실한 것이다.
초등학생에게는 초등학생 수준의 말을 하는 방법이 필요하다.

상대가 요구하는 것을 찾아라

족집게 선생은 학생이 필요한 답을 찍어 주는 선생님이나. 일반적으로 사람들의 성격은 급한 편이다. 단계적으로 전달하는 것이 정확하게 이해시키는 방법이라고 생각하고 하나씩 전달하면 능력 없는 사람으로 취급되는 경우가 있다.

"도대체 우리를 무엇으로 아는 거야!"

하나의 공식으로 모든 문제를 해결할 수 없다. 그럼에도 불구하고 간단한 공식으로 문제를 쉽게 해결해 주기를 바란다. 복잡한 설명보다는 간단하고 명료한 결론을 요구한다. 상대가 요구하는 것을 찾는 방법은 상대의 입장에서 생각하고 판단한다. 리더는 상대를 이해한다고 하면서도 상대 입장이 되는 것을 거부한다.

노조와 회사의 분쟁은 상대 입장에서 서로가 이해하려고 하지 않고 자신만을 생각하기 때문이다. 노조는 회사의 경영 상황을 이해하려는 노력이 필요하고 회사는 노조의 입장에서 어떤 어려움을 겪고 있는가를 파악하려는 노력이 필요하다.

노조와 회사가 대화를 한다고 한다. 상대가 '무엇'을 '왜' 요구하는가를 이해하기 위한 대화이고 토론이다. 하지만 서로의 입장만을 전달하는 과정에서 대립과 갈등은 깊어진다.

상대가 요구하는 것을 파악하는 것은 '왜?'라는 것이다.

'왜?'라는 상대의 욕구를 찾게 되면 '어떻게!'라는 해결 방법이 나온다. 리더는 무엇을 요구하는가에 적합한 대답을 조직원에게 해 주어야 한다. 조직원이 요구하는 것을 무시하고 자신의 주장만을 제시한다면 조직원은 리더를 믿지 않게 된다. 조직 관리에서 믿음과 신뢰는 생명이다. 리더의 신뢰감이 사라지는 순간 조직은 무너진다. 조직원이 요구하는 '왜?'라는 욕구를 충족시키는 노력이 어떻게!'라는 해결 방안이다.

조직원의 요구는 소비자의 요구와 같이 끊임없이 변한다. 시대의 흐름은 욕구의 변화를 만든다. 대부분의 리더는 조직원의 요구를 들어주면 지속적으로 요구를 해 오기 때문에 가능한 한 요구를 무시해야 한다고 생각한다. 시대적 착각이다.

조직원과 끝없는 대화가 존재한다면 조직원의 요구는 반드시 필요한 요구로 충족된다. 일방적으로 강요할 때 요구는 최소화되기 때문에 지속적으로 요구를 하게 되는 것이다.

대화는 상대의 요구에 대한 타협 방법이다

노조의 요구는 타협 과정에서 일정 부분 조정될 것이라는 고정관념 때문에 터무니없는 요구를 제시한다. 회사 입장을 고려하지 않은 요구는 끝없는 조정으로 최소화된다. 이러한 타협은 대화가 아니다. 마치 길거리에서 물건 값을 흥정하는 모양새이다.

조직에 타협 문화가 정착된다면 필요 없는 흥정 시간의 낭비가 사라진다. 리더는 타협 문화를 만들 필요가 있다. 노조는 회사의 입장을 이해하고 회사는 노조의 입장을 이해하는 풍토가 올바른 타협 문화를 만든다.

조직 관리에서 타협은 필수 수단이다. 상대가 원하는 것에 대한 조정은 대인 관계에서 성공과 실패의 척도가 되고 있다. 타협은 마지막 최종적 합의로 벼랑 끝 타협이라고 말하기도 한다. 벼랑 끝 타협은 올바른 타협이 아니라 소모적 타협이다.

대화는 타협 사건이 발생하기 전에 문제를 예방하는 방법이다. 사건을 해결하는 대화는 거래와 같이 조정되지만 사전에 충분한 대화를 주고 받는다면 타협이라는 수단으로 고민하거나 갈등하지 않는 창의적 관리 방법으로 조직을 관리할 수 있다. 상대의 요구를 듣는 대화는 소모적 낭비를 예방한다. 평소 대화의 시간을 통해 자연스럽게 소통하는 풍토가 창의적 조직을 만든다.

K회사는 노사 간의 분규가 없다

　K회사는 잡담 시간을 정기적으로 실시하면서 조직원 간의 문제점이나 불만을 사전에 예방하는 효과를 얻고 있다. 잡담 시간에는 어떤 주제나 소재에 관계없이 자유롭게 서로의 생각을 교류하기 때문이다. 새로운 제도나 생산 방법을 도입하기 전에 사원들의 의견을 듣는 방법으로 잡담 시간을 활용하기도 한다.

　조직은 항상 다양한 문제를 발생시킨다. 긍정적 문제는 자연스럽게 해결되지만 부정적 문제는 시간이 지나면서 확대되어 걷잡을 수 없는 사건으로 확산되는 경우가 많다. 사소한 문제가 확산되는 이유는 신뢰와 믿음이 없기 때문이고 대화할 마당이 없기 때문이다. '잡담'이라는 시간이 사소한 문제를 예방하고 새로운 문제를 해결하는 대화의 마당으로 활용된다.

상대의 요구를 해결하는 것은 조건 없는 대화의 마당이다.
대화는 자유롭게 자신의 생각을 제시할 수 있는
잡담 시간을 만드는 것이다.

상대 입장에서 이야기하라

　자신의 주장은 일방적인 주장이다. 대화는 쌍방향으로 주고받는 관계에서 자유롭게 생각과 정보를 나누는 방법이다. 그럼에도 대화를 일방적으로 하는 사람은 대부분 리더이다.

　일방적인 대화는 없다. 일방적 대화는 지시이고 명령이다. 김과장은 대화를 잘하는 사람이라고 정평이 났다. 비결은 무엇일까? 김과장은 대화를 할 때 자신이 말하는 시간이 비교적 짧다. 상대가 어떤 말을 해도 끝까지 들어 주는 사람이다. 김과장은 상대의 이야기를 끝까지 듣고 자신의 이야기를 한다. 때로는 자신의 이야기를 전혀 하지 않고 오히려 상대 입장에서 이야기를 하기 때문에 조직에서는 해결사라고 부른다.

　상대 입장에서 이야기하기 위해서는 자신을 낮추는 자세가 필요하다. 상대 입장을 이해하려고 노력하지만 실패하는 이유는 간단하다. 상대 이야기를 듣다 보면 원칙과 상식을 벗어나는 경우에 끝까지 듣지 못하고 상대를 비평하거나 공격하기 때문이다.

　L병원은 항상 많은 환자로 성업이다. L병원 의사는 젊지만 유능한 의사라고 정평이 났다. 이유는 간단하다. L병원 의사는 환자의 이야기를 끝까지 듣고 처방을 내리기 때문이다. 그러나 대부분 다른 의사가 환자의 이야기를 듣는 시간은 길어야 5분이다. 그런데 1분도 안되는 이야기를 듣고 의사의 경험과 지식으로 처방을 내리기 때문에 치료 효과가 없는 것이다.

의사의 첫 번째 진찰은 문진이다

　많은 환자로 인하여 의사의 문진 시간이 1분에서 3분 정도로 짧아졌다. 아무리 능한 의사도 문진 시간이 짧으면 정확한 진단을 할 수 없다. 대화는 의사가 문진하는 방법과 같다. 상대의 입장에서 치료하지 않는 의사의 처방이 효과가 없듯이 대화는 상대의 입장에서 이해하려는 노력이 필요하다.

　말을 잘하는 사람, 문제 해결을 잘하는 조정자는 상대 입장에서 이해하고 상대 입장에서 해결책을 제시하기 때문이다.

왜 상대 입장에서 이야기하는 것이 중요한 것일까?

똑같은 문제도 각자의 입장에 따라서 달라진다. 각자의 입장에서 같은 사건도 변하는 것이다. 입장이란 조건과 환경을 의미한다. 각자의 조건과 환경이 다르기 때문에 같은 사건이라도 다른 문제가 된다.

노사 간의 갈등은 입장 차이라고 한다

경영자는 전반적인 문제로 인식하지만 노동자는 자신이 맡은 일에 대한 입장만을 주장한다. 생산자는 100개 생산이 150개로 늘어났다면 늘어난 50개에 대한 수당이나 월급 인상을 요구한다. 그러나 경영자는 50개 추가 생산을 위한 투자와 늘어난 생산량으로 인해 생길 가격 변동 등 전반적인 문제를 계산에 넣어 수당이나 월급 인상을 고려하지 않는다.

생산자는 눈에 보이는 숫자에 대한 수당을 요구하지만 경영자는 눈에 보이지 않는 관리 비용을 주장하고 수당 인상을 수용하지 않는다. 이런 상황들이 모든 작업 현장에서 발생하고 있다.

조직은 가족 구성체와 같다

아버지와 아들의 갈등, 부모와 자녀의 갈등은 서로의 입장을 이해하지 못해 발생한다. 가족 문제 해결은 어머니의 역할이다. 대부분 어머니가 아버지와 자녀 간의 갈등을 조정한다. 아버지에게는 자녀의 입장을 전달하고 자녀에게는 아버지의 입장을 전달하면서 가족 간의 갈등은 해결된다.

조직에도 어머니와 같은 조정자가 필요하다.

학생과 교사 간의 갈등으로 탈선하는 학생들이 늘어나고 있다. 교내 문제를 해결하기 위한 조정자로 상담원이 활동하고 있다. 상담원은 교사와 학생 간의 다양한 문제를 중간 조정자의 입장에서 조정한다.

기업에도 어머니와 같은 조정자가 필요하다.

상담사는 중립적 자세로 조정한다. 아버지와 자녀의 중간 조정자는 아버지에게는 아버지의 자존심을 세워 주고 자녀에게는 자녀의 고충을 이해하는 입장에서 공통점을 찾아 서로를 이해시킨다. 노사 간에도 조정위원회가 있다. 사원과 회사 간의 조정자 입장으로 규칙과 원칙에 준해서 어느 한쪽의 입장에 처하지 않고 양쪽 입장에서 조정하는 역할이다.

'어머니의 인내력'으로 상대 입장에서 이야기한다.

어머니의 존재는 끝없이 들어 주는 역할이다. 자녀의 고충을 끝까지 듣고 문제점을 지적하거나 공감하는 의사를 표현한다.

"네가 잘못 생각하는 것이다."라는 지적보다는 상대 입장에서 표현한다.
"너에게 그런 고민이 있는 줄 몰랐다. 미안하다."

상대 입장에서 이야기한다는 것은 미안하다는 표현에서 믿음과 신뢰감을 만들게 된다. 아무런 잘못이 없어도 미안하다는 말에서 상대의 감정을 자극한다.

상대 입장에서 이야기하는 방법은
상대의 감정을 자극하는 방법으로 먼저 사과하고
상대 생각에 공감한다는 표현 방법이다.
어머니의 대화 기술은 자녀에게 조건 없이
먼저 사과하는 방법이다.
조건 없이 먼저 사과하는 리더가 창의적 리더이다.

상대와 같은 조건에서 말하라

상대 입장에서 생각하라는 것은 상대와 같은 조건이 되어 보라는 것을 의미한다. 회사가 경영자로서 사원의 인사권을 조정한다는 인식으로 상대를 평가한다면 같은 조건이 아니다. 노사 갈등이 분쟁으로 확산되는 원인은 노사가 같은 조건이 아니라 노동자는 기업의 고용자라는 인식 차이 때문이다. 평등한 조건이 아니라면 공평한 게임이 될 수 없다.

나는 어머니라는 조건에서 자녀와 대화를 한다면 평등한 대화가 되지 못한다. 어머니이기 전에 자녀의 입장에서 이해하려는 자세가 어머니를 조정자가 될 수 있게 만드는 것이다.

자녀와 대화를 할 때는 자녀가 되고 아버지와 대화를 할 때는 같은 부모의 입장에서 이야기하는 어머니의 역할이 같은 조건에서 말하는 자세이다.

상대의 감정을 자극하는 대화 기법은 상대 입장에서 느끼는 아픔과 고통을 이야기하는 방법이다. 고통과 아픔, 슬픔은 당사자가 아니면 추측이다.

"조금만 지나면 모두가 잊혀질 것이다."

이별을 해야 하는 자녀에게 부모는 지금의 슬픔은 잠시라고 말하지만 당사자의 입장에서는 지금이 고통스러운 것이다. 부모와 자식이라는 조건이 다르기 때문이다.

조건 때문에 이별을 해야 하는 자녀의 입장은 조건을 깨뜨리고 싶은 고통을 느끼고 있다. 지금보다 미래를 위해 헤어져야 한다는 것은 부모 입장에서 조건만 계산하는 이기주의로 볼 수 있다.

기업은 사원의 희생을 요구할 때가 있다. 지금 조금만 참으면 성과급을 비롯하여 급여를 인상해 줄 것이라는 설득을 하지만 사원의 입장에서는 지금 당장 생활을 해야 하는 조건이 있기 때문에 무조건 희생을 요구하는 회사의 조건을 받아들이지 못하는 것이다.

　기업은 사원들의 무조건적 희생을 요구하기 전에 사원의 조건을 분석할 필요가 있다.

근로자가 근무하기에 적합한 조건인가?

　불량품 생산에 대한 책임을 묻기 전에 생산 조건이 적합한가?

　한국의 근로조건은 선진국에 가까이 와 있다. 1960년대 묻지마식의 근로조건이 아니기 때문에 근로 환경과 조건에 대한 철저한 준비가 필요하다. 열악한 조건이라면 근무 조건부터 개선해 주고 요구할 것을 요구해야 한다.

　과거 근로조건은 다른 회사와 비교할 기회가 없었지만 근로자 조건의 급변은 정보 공유로 확산되었다. 지금은 모든 기업의 근로조건이 공개되어 있기 때문에 생산성을 요구하기 전에 근로조건이 적합한가를 파악해야 리더의 지시에 반응한다.

　열악한 조건에서 리더가 여러 가지를 요구한다면 근로자는 형식적인 작업으로 대응한다. 생산성이 떨어지고 불량품은 급중하게 되는 원인이다.

　대화는 동등한 조건에서 합리적인 결과를 만든다. 노사 간의 대화도 1:1의 같은 조건을 전제할 때 서로의 생각을 제시한다. 강압적 회사 분위기는 근로자의 반항을 만든다.

대화의 조건은 동등한 조건이다.
아버지와 아들이기 전에 가족 구성원으로 대화를 한다.
조직의 리더이기 전에 조직 구성원으로 대화를 한다.
어느 한쪽이 기울어지는 조건에서는 합리적 대화가 어렵다.

상대와 공감대를 만들어라

기업 경영의 환경이 변했다. 경영자의 일방적 방식에서 근로자와 협력하는 경영 시대로 바뀌었다. 1차, 2차 상품을 생산하던 시대에는 경영자의 능력으로 경쟁력을 창출했으나 3차, 4차 상품을 생산하는 시대는 근로자와 협력하여 경쟁력을 창출하는 시대이다.

리더의 대화 방식을 바꾸어야 3차, 4차 생산 시스템에서 경쟁력을 창출할 수 있다. 근로자가 스스로 자신의 경쟁력을 창출하도록 리더는 근로자와 끊임없는 대화로 공감대를 형성해야 한다.

리더는 직원과의 공감대를 어떻게 만들 것인가를 생각하라

근로자는 단순한 월급쟁이가 아니라 기업의 경쟁력을 창출하는 방법을 제시하는 실질적인 동업자가 되었다. 기업 경영을 담당하는 역할이 구분될 뿐이고 리더와 근로자가 기업의 주인이라는 공동체 의식을 만들어야 한다.

벤처기업은 창업자와 사원이 공동체 의식으로 경영에 참여한다. 벤처기업의 경쟁력은 속전속결로 신상품과 기술을 개발하며 공동으로 영업하는 공동체 의식에서 창출된다. 경영과 생산, 개발이라는 업무적 분담만이 존재하는 것이며 기업의 경쟁력은 모두가 함께 노력한다는 공감대가 벤처기업과 중소기업의 경쟁력을 만든다.

공감대는 벽이 없는 대화에서 시작된다. 경영자의 입장에서 문제점을 제시하고 생산자의 입장에서 문제점을 제시하며, 개발자의 입장에서 또 영업자의 입장에서 서로의 문제점을 제시하는 것에서 공감대가 형성된다. 개발자는 생산자가 생산할 수 있는 방법을 개발하고 생산자는 개발자가 개발 아이디어를 제시하면 영업사원은 영업을 위해 생산 방법을 제시함으로써 기업의 경쟁력 창출을 위한 하나의 목적에 공감대를 만든다.

공감대를 형성하는 방법은 목표 설정이다

경쟁력 창출이라는 목표 의식에서 모든 부서가 하나의 공감대를 형성함으로써 서로의 입장을 이해하여 상대적 배려와 동참을 유도하는 것이다.

히틀러가 국민의 공감대를 이끌어 내어 하사관 출신이 총통 역할을 수행할 수 있었던 사례와 같다. 리더는 조직원에게 목표 의식을 제시해야 한다. 목표는 조직원 모두가 공감하는 목표 설정이 되어야 실효성이 있다. 조직원이 공감하지 못하는 리더의 상상이나 지나친 과욕에 의한 목표 설정은 내부적인 반감을 만든다.

히틀러가 국민의 공감대를 이끌어 냈지만 조직원으로부터 신뢰감을 잃어 갈 때 조직이 붕괴되었다. 서로의 갈등과 불신은 히틀러 암살이라는 사건도 발생하게 되었던 것이다. 따라서 공감대는 순수한 목표에서 실행되어야 하며 모든 과정이 공개되는 투명 경영이 필요하다.

투명성과 공감대는 일치한다. 투명하지 못하면 공감대는 일시에 깨지기 때문이다. 리더의 설득력은 투명성에서 공감대를 형성하여 가치를 만든다.

공감대는 투명성이 유지될 때 지속된다. 리더의 실수가 발생하는 원인 중 하나는 조직원으로부터 공감대를 얻으면 영원히 지속할 것이라는 차가이다. 조지원은 언제든지 투명성과 신뢰감이 사라지면 공감대를 깨뜨린다는 것은 알아야 한다.

신뢰를 만들기는 어렵지만
신뢰가 깨지고 공감대가 깨지는 것은 순간이다.
리더는 공감대를 유지하기 위해 투명성을 가져야 한다.

상대 이야기를 듣고 말하라

● ● ●

상대 입장, 이해, 공감대 등을 만드는 비결이 듣는 자세이다.
리더가 되려면 경청하는 인내력을 키워야 한다. 상대 의견을 듣는 자세는 상대에 대한 존중이고 배려이다. 상대 이야기를 들으면서 엉뚱한 행동을 하거나 오만한 자세로 듣는다면 상대는 진실하게 이야기하지 않는다.
"나는 리더로 자질이 있다."라고 말하면서 조직원에 대한 예의와 경청 자세가 준비되어 있지 못하면 올바른 리더로 인정받기 어렵다. 일등 기업의 리더는 경청 훈련부터 연습한다. 리더는 조직원의 다양한 의견을 청취하면서 조직의 문제점을 파악한다.

리더가 먼저 말하지 말라

먼저 리더가 말을 하면 조직원은 자신의 생각을 숨기고 리더가 원하는 이야기만을 한다. 따라서 조직의 문제점을 파악할 기회를 얻지 못한다. 훌륭한 리더는 조직원이 끝없이 이야기하도록 분위기를 만드는 사람이다. 어떤 이야기에도 중립적 입장에서 조직원의 이야기에 동참하는 자세가 필요하다. 리더는 조직원에게 한배를 탄 동반자라는 인식을 심어 줄 때 조직의 문제점을 정확하게 파악할 수 있다. 리더는 가능한 말하지 말고 조직원이 말하도록 유도하는 기술을 습득해야 한다.
판소리에서 추임새는 흥을 돋우는 방법이다. 소리꾼의 소리에 따라서 다양한 추임새로 분위기를 이끌어 간다. 판소리를 듣는 사람도 함께 추임새에 동참하면 두 배 이상의 즐거움과 기쁨을 느낀다. 소극장에서 연기를 즐겁게 즐기는 방법이 연기자와 관객이 함께 연극을 이끌어 가는 순간이다.
리더는 조직원의 이야기를 듣고만 있지 말고 판소리에 추임새를 넣듯

중간 중간에 공감의 반응을 보여 주어야 한다. 리더가 심각하게 조직원의 이야기를 듣고만 있다면 이야기는 깊이가 없어진다.

이야기를 재미있게 이끌어 가려면 이야기 속에 함께 동참하는 것도 한가지 방법이다.

"그래서!"

"허 참, 그랬구나."

"그다음에는?"

"화날 만했네!"

"이렇게도 해보지 그랬어……."

리더의 추임새는 조직원의 입장에서 대응하거나 가끔씩 깊이 공감하여 자극하는 화법이다.

리더의 경청 화법은 맞장구 화법이다. 리더는 짧고 간단하고 정확하게 핵심을 자극하는 화법으로 문제점을 파악한다. 조직에서 조직원은 리더의 신뢰감을 중요하게 생각하고 행동한다. 리더가 자신을 믿어 준다는 확신이 만들면 모든 문제점을 제시하고 자신의 해결 방안도 제시한다.

리더는 항상 상대를 보고 말한다. 감정을 감추는 노력도 리더의 자질이고 감정을 다스리는 기술도 리더의 조직 관리 기술이다. 상대를 보면서 대화를 할 때 상대는 진정성을 인정하기 때문이다.

이쁜 자식에게 떡 하나 더 주는 방법은 대화의 장애물이다.
대화는 상대를 보고 상대의 표정과 반응에 따라
상대의 감정을 자극하지 않도록 노력해야 한다.
대화는 상대적이기 때문에 반드시 상대를 보고 대화를 한다.

먼저 말하지 말라

리너는 경청한 나음에 간략하게 자신의 생각을 표현한다. 리더가 듣기만 하고 아무런 표현이 없으면 조직원은 불안하고 초조해져 다음부터 말하지 않게 된다. 따라서 리더는 간략하게 자신의 생각을 표현함으로서 조직원 간의 관계를 유지하도록 한다.

먼저 말하지 말라는 것은 아무 말도 하지 말라는 것과 다르다

리더는 조직원이 제시하는 내용에 대한 솔직한 표현이 중요하다. 조직원의 제시는 리더에 대한 충성과 신뢰감을 얻기 위한 행동이기 때문에 리더의 반응으로 조직원과의 지속적인 관계가 결정된다.

대화는 쌍방향적이라고 했다. 조직원은 의견 제시를 위해 다양한 이야기를 하지만 리더는 간략한 결과만을 제시하기 때문에 경청 후에 말을 한다.

문제가 발생했을 때 당사자를 불러서 일방적으로 지시하고 문책하는 것은 리더의 자질 부족이다. 중요한 문제일수록 리더는 조직원의 이야기를 듣고 말한다.

리더는 항상 중심을 가지고 있어야 한다

서로 다른 조직원의 생각과 행동을 파악해야 하기 때문에 항상 조직원의 이야기를 경청하고 모든 이야기를 종합하여 이야기하는 습관이 필요하다. 리더가 일방적으로 먼저 이야기하면 조직원은 자신의 생각을 감추기 때문이다.

대화는 목적에 따라서 먼저 말하는 경우가 있고 상대 이야기를 청취한 후에 말하는 경우가 있다. 먼저 말하는 것은 전달이나 지시를 하는 방법이고 청취 후에 말하는 것은 문제를 해결하는 방법이다. 리더의 대화는 전달 방법보다는 문제 해결 방법이 효과성이 높다.

대화는 문제를 예방하기도 하고 문제를 해결하기도 한다

예방적 대화는 사전에 리더가 주의와 경고를 하는 것으로 예방적 대화를 하기 전에 조직원의 이야기를 청취한 후에 하는 것이 예방의 효과를 높인다. 사전 조치는 조건과 환경에 따라서 전개 과정이 다르기 때문에 리더는 조직원의 흐름을 사전에 파악하는 것이 중요하다.

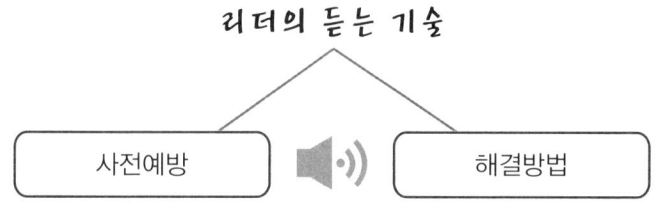

평소에 조직원과의 대화 마당을 정기적으로 진행하는 방법은 예방적 대화이다. 조직원의 개성과 특성, 요구 등을 파악하여 개선점을 파악하고 새로운 제도나 생산기술 등을 도입하기 전에 어떤 방식으로 실시할 것인가에 대한 정보를 파악한다.

리더는 정보통이어야 한다

리더는 모든 귀를 열어 놓고 다양한 이야기를 조건 없이 듣는 기술이 필요하다. 따라서 리더는 상대의 이야기를 들을 때 자신의 편견이나 의견을 지나치게 제시하는 습관을 버려야 한다.

상대의 의견은 찬성과 반대, 비평과 비판의 소리를 조건 없이 듣는다. 의견은 긍정적 찬성보다 부정적 비판 정보가 중요하다. 긍정적 이야기는 공개적으로 하지만 부정적 이야기는 비밀리에 퍼지기 때문이다.

사건은 긍정보다 부정에서 비판적 생각이 행동으로 진행되기 때문에 정보를 입수하여 사전에 예방한다.

자신의 입장을 고백하라

조직원을 이끌어 가는 방법은 리더의 입장을 표현하는 것이다.
"나는 당신을 믿습니다."
간략한 리더의 한 마디가 신뢰감을 만든다.
"내 생각도 마찬가지입니다."
확실한 표현에서 조직원의 충성심이 형성된다. 많은 이야기를 듣고도 아무런 표현이 없다면 조직원은 리더와 거리감을 느끼고 경계심을 가지게 된다.
"생각보다 큰 문제가 아니군요."
문제를 만든 조직원에게 격려와 배려는 충성심을 이끄는 화술이다. 리더의 화술은 많은 설명으로 설득하고 이해시키는 노력이 아니라 결정적 순간에 간략하고 정확한 격려와 배려에 있다.

대통령은 중요 인사를 초청하여 입장 설명을 진행한다. 통치자로서 문제점을 제시하며 입장을 설명하는 것은 사회 지도자들의 공감대를 이끌어 내기 위한 방법이다. 설명회에 참석하는 지도자는 자신의 경험과 해결 방안을 제시함으로써 참여자의 입장이 된다.

자신의 고충을 제시함으로써 상대의 이해를 이끌어 내는 방법은 모든 조직 관리에서 진행된다. 평소에 대화 부재로 인한 오해를 풀고 상대 입장에서 이해를 요구하는 대화 기법이다. 조찬 등의 식사와 함께 격식 없이 나누는 자유로운 대화에서 서로의 입장을 확인하는 것만으로도 이해관계는 성립된다.

리더는 자신의 고충을 어떻게 설명할 것인가?

설명하는 방법과 분위기가 중요하다. 일방적 설명은 오해를 증폭시킨다. 따라서 리더는 초청된 사람들의 의견을 청취하는 것은 물론 끝까지 자신의 의견을 유보하는 자세가 중요하다. 비판과 평가를 들을 준비가 필요하다. 하나의 정책을 놓고 각자 입장에서 문제점을 제시하므로 리더는 정책 추진에 대한 방향을 결정할 수 있게 된다.

다양한 의견 청취 후에 자신의 고충과 문제 해결 방안을 제시함으로써 사전에 문제점을 보완하고 수정을 통해 실질적인 효과를 얻는 방법이다. 솔직한 고백이 실질적인 협조와 동참을 얻을 수 있다.

리더는 설득 기술보다 고백 기술을 습득해야 한다

설득은 다양한 제시와 유도가 필요하지만 고백은 솔직한 태도만으로 상대의 이해와 공감을 이끌어 낼 수 있기 때문이다. 고백보다 효과적인 설득 방법은 없다.

고백 방법은,

첫째로 문제의 발단과 제시 이유를 고백하고

둘째로 전개 과정에서의 고충과 실수를 인정하며

셋째로 문제를 통한 이익 창출에 대한 점을 고백한다.

H기업의 사례로 리더의 고백을 분석해 보자

H기업은 국내 굴지의 생산업체였다. 중국과 경쟁력이 떨어지면서 생산방법을 혁신해야만 했다. 기술 교육과 생산 라인의 신설로 인해 작업량이 증가하자 노사 문제가 발생했다.

리더는 노조와 협상을 시작했다. 생산방법 혁신의 필요성과 기술 교육 확대로 인한 작업량 증폭에 대한 설명 및 일정 수준까지 경쟁력이 향상되기 전에는 인원 증원이 어렵다는 등의 회사 입장을 설명했다. 더불어 일정 수준이 되면 임금 인상과 인원 증원을 하겠다는 약속도 함께 진행했다. 노조는 기업 회생을 위한 협조에 동의하여 문제를 해결했다.

리더의 자존심 때문에 노조와 협상하지 않았다면 기업은 회생하지 못했을 것이다. 리더가 직접 고충을 고백한 것이 사건 해결책이었다.

공통 관심사를 이끌어 내라

공감대와 공통 관심사는 다르다

공감대는 같은 생각으로 공감하는 것이고 공통 관심사는 같은 문제, 주제, 소재에 대한 생각이다. 공감대는 이해적으로 같은 생각을 말하고 공통 관심사는 해결을 위한 문제 제시를 말한다. 따라서 공통 관심사가 공감대가 되는 것은 아니다.

"우리는 이 문제 해결을 위해 협력하기로 합시다."

문제 해결을 위한 협상이다. 공감대가 형성되었다는 것은 이해관계뿐만 아니라 결과에 대한 공통체 의식이다. 관심사가 같다고 공감대가 형성되는 것은 아니다. 관심은 같지만 공감하지 않는 경우도 있기 때문이다. 공감대는 관심과 결과에 대한 해결 방안이 일치하는 것이다.

관심사가 같다는 의미는 공감대를 만들어 가는 분위기가 조성되었음을 의미한다. 따라서 관심사를 공감대로 이끌어 가는 과정이 중요하다. 관심사는 같지만 해결 방법이 다른 경우가 많다.

공감대 형성을 위해 관심사를 이끌어 내는 과정이 필요하다.

적과 동침한다는 것은 관심사에 대한 일치를 말한다. 해결이 되는 시점에서는 항상 적이 될 수 있다는 것이 적과의 동침이다. 서로 이해관계를 해결하기 위한 일시적인 협상이다.

관심사를 이끌어 내는 것은 협상의 시작이다.

회사의 경쟁력을 키운다는 공통의 관심사를 바탕으로 공감대를 이끌어 낸다. 노사 협력은 경쟁력 창출에 있다. 같은 관심사를 바탕으로 뭉치자는 협상이 공감대 형성이다.

관심사는 서로의 이익에 목적이 있다. 개인 이익과 조직 이익을 위해 서로가 노력하자는 협력이다. 조직이 경쟁력을 창출할 때 개인의 이익도 보장된다는 공감대를 이끌어 내는 것이 협상이다.

공감대를 만드는 관심사는 목표 설정에 있다

생산량에 대한 목표, 불량품 최소화에 대한 목표 설정은 상품 가치와 생산성 향상에 의한 이익 창출이다. 판매량이 높지만 실질적으로 불량품이 많고 생산성이 저조하다면 실질적 이익률이 저조하기 때문에 기업에 남는 이익도 작아 개인에게 돌아갈 이익 배당도 작아지게 된다.

목표 설정을 위한 대화와 토론이 필요하다. 대화와 토론을 통하여 공감대를 이끌어 낸다. 실질적 이익률 향상을 위한 목표 설정이 개개인의 생산성 향상을 위한 다양한 노력을 요구하게 된다. 개인의 기술 개발과 능력 향상을 위한 교육 등에 적극적으로 동참하도록 유도하는 것이다.

"기술력 향상이 없다면 생산성 향상도 없다."

"기술력이 상품의 경쟁력을 창출시킨다."

"끝없는 도전을 위해 교육을 받고 기술을 향상시키자!"

작업자에게 기술 개발은 필수적이지만 일정한 작업에서는 기술 개발이 필요하지 않다. 강제로 교육을 강행하면 형식적 교육으로 효과를 얻지 못한다. 따라서 교육을 위한 캠페인 등의 목표 설정이 실질적인 기술 향상 효과를 나타내며 이것이 현장의 현실이다.

사원들의 교육을 강행하기 전에 교육의 필요성을 강조한다.

사원에게 목표 설정과 목표 의식을 심어 주는 과정은 리더와 사원 간의 공통 관심사를 설정하는 방법이다.

> 목표 설정을 유도하기 위해 대화와 토론으로
> 공감대를 형성한다.
> 휴식을 통한 대화 마당이나 정기적 토론 마당을 만든다.

가끔씩 속삭이듯 작게 말하라

대화에서 소리 조절은 기술이다

대화는 소리로 전달되고 표현되기 때문에 소리 조절은 대화 연출 기술이다. 대화도중 소리를 조절하면 상대를 긴장하게 만들고 집중하게 만드는 효과가 있다.

리더는 속삭이듯 작게 말하는 방법으로 조직원을 집중하게 만든다. 큰소리보다 작은 소리가 중간중간 집중하게 만든다. 작은 소리를 듣기 위해 조직원은 귀를 쫑긋 세운다.

두 사람이 대화를 하거나 토론 중간에 속삭이듯 작은 소리로 이끌면 조직원은 리더에 대한 집중과 동시에 긴장을 늦추지 않는다. 리더는 조직원을 긴장시킴으로 결집하게 만들 수 있다. 영화 속에서 두목이 작은 소리로 속삭이면 조직원들이 긴장하는 것과 같다.

리더의 목소리가 작아지면 조직원은 긴장한다.

대화는 연기를 위한 소리 표현이다. 따라서 소리를 조절하여 상대를 긴장시키거나 시선을 집중시키는 기술이 필요하다. 작지만 정확한 발음은 집중된 조직원을 자극한다. 작은 소리는 기억을 오래 지속시키는 효과도 있다. 중요한 것은 작은 소리를 지속적으로 사용하면 효과가 사라지기 때문에 결정적 기회에 사용한다.

리더는 조직 관리를 위한 다양한 기술이 필요하다.

긍정적이고 적극적인 행동이 조직원을 긍정적이고 적극적으로 이끌어 가는 기술이지만 때로는 부정적이고 소극적인 방법을 적용하여 조직원에게 새로운 자극을 주어야 한다. 소리의 리듬이 하모니를 만들듯 속삭이는 기술이 조직 관리에 효과가 있다.

소리는 큰소리와 작은 소리가 어울릴 때 아름답다.
대화는 큰소리와 작은 소리를 조절하여 전달 효과를 높인다.

말하는 것을 두려워 말라

S기업의 김사장은 직원들 앞에서 말하는 것에 대한 콤플렉스를 가지고 있다.

"나는 직원들을 보면서 말하는 것이 어렵다."

어느 순간부터인가 직원들과 대화를 하거나 월례회를 진행하는 것에 대해 고민을 가지게 된 김사장은 말을 할 때면 심장 뛰는 소리가 자신의 귓전을 두드릴 정도였다.

상품 개발에 대한 토론을 할 때였다. 한참을 토론하다가 중간에 사장님이 동참하게 되었다. 사원들은 저마다 자신의 경험과 기술에 대한 자부심으로 의견을 제시했다. 이야기를 듣던 도중에 사장님이 자신의 의견을 제시하면서 개발 부품에 대한 원리를 설명했다.

처음에는 사원들이 사장님의 이야기를 경청했다. 이야기는 기술적인 문제로 접근하게 되었다. 순간 사장님의 기술 설명에 한 직원이 궁금증을 제시했다. 한 직원의 궁금증으로 시작된 질문은 다른 직원까지 합세하여 사장님의 원리적 설명에 대한 모순을 지적하는 데까지 이르렀다.

회사의 주력 상품 개발에 대한 기술적 지식에 한계점을 보이게 된 김사장은 당황했다. 지나치게 개발팀의 기술 문제에까지 접근한 것이 화근이 되었다.

이후부터 사원들과의 대화나 토론에 참여하는 것이 부담스러워졌고 점진적으로 대화에 대한 부담이 생겨 말에 대한 심리적 거부감을 일으키게 되었다. 이처럼 한순간의 부담으로 말하는 것을 두려워하게 될 수도 있다. 이것을 반대적으로 설명하면 말하는 재미도 한순간 얻을 수 있다는 뜻이 된다.

말을 잘하고 못하는 것은 심리적인 영향이 크다

한 직원의 질문에 대답을 못하면서 말하는 것에 대한 부담을 느끼게 된 것은 또 다른 질문에 답하지 못할 수도 있다는 심리적 영향 때문이다. 말은 주고 받으며 이어진다. 주고 받는 과정에서 내용은 깊어지고 다양한 생각을 교류하게 된다.

리더는 이야기를 이끌어 가는 사람으로 기술적인 문제에 접근할 때는 조정자 역할만을 담당하는 것이 말하는 기술이다. 발표하는 사람과 경청하는 사람과의 관계를 이어 주는 역할이 리더의 역할인 것이다. 리더가 발표자가 되면 설명회가 된다.

말을 더듬는 학생에게는 공통점이 있다

신체적 조건 때문에 말을 더듬는 학생보다는 심리적 영향으로 말을 더듬는 학생들이 더 많다. 평소에 말을 잘하던 학생이 문제를 풀면서 더듬는 것은 문제를 확실하게 풀 수 없을 때 나타나는 증상이다. 말을 못하는 것이 아니라 확실한 답을 모르기 때문에 망신을 당할지도 모른다는 심리적 영향이 말을 더듬게 만든다.

말은 언어로 표현되지만 언어를 만드는 것은 생각이며 생각을 만드는 것은 지식이고 정보이다. 따라서 지식이나 정보가 부족하면 말이 느려지고 말에 대한 자신감이 없어 더듬게 되는 것이다.

따라서 말을 잘하려면 말하고자 하는 내용을 습득하는 자세가 중요하다.

무엇을 말할 것인가의 내용이 정리되면,
어떻게 말할 것인가의 방법을 찾는다.

말하는 순서이다. 순서가 바뀌면 말을 하다가 더듬게 된다. 확실한 내용을 표현하지 못해서 발생하는 현상이다.

말문이 막히면 당황한다.

누구나 한 번쯤은 말문이 막혀서 당황한 경험이 있다.

말을 '잘한다', '못한다'보다 '말문이 막힌다'는 것은 어떤 말로 설명할지 판단하지 못해서 나타나는 현상이다. 매일 다니던 길을 헤매는 현상도 마찬가지이다. 일시적인 현상이지만 순간적으로 말이 막히거나 방향을 착각하는 현상은 누구나 경험한다. 아마추어와 프로의 차이점은 일시적으로 발생하는 착각 현상에 대비하는 대응 능력의 차이이다. 아마추어는 당황하지만 프로는 당황하지 않고 그 순간 대비 능력을 발휘한다. 말을 잘하던 사람이 질문에 답을 못하면 당황하게 된다. 질문 경험이 풍부한 사람은 당황하는 표정을 나타내지 않는다.

비결이 무엇일까?

그것은 간단하다. 질문의 답을 모를 때는 질문하는 사람의 생각을 이끌어 내어 질문의 내용을 자신이 알고 있는 방향으로 바꾸어 가는 방법이다. 능숙한 사회자는 모르는 질문을 회피하지 않고 질문의 방향을 자신이 알고 있거나 알 수 있는 방향으로 주제나 내용을 바꾸는 기술이 있다. 사회자가 모든 것을 알고 있을 수는 없다. 진행자는 발표자의 전문성을 이어주는 역할만을 담당해야만 질문을 자연스럽게 다른 주제나 소재로 이어지게 이끌 수 있다. 진행자가 무리하게 전문 분야에 참여하면 발표자의 영역을 침범하는 실수를 하게 된다.

사회자는 발표하는 상대를 이어 주는 역할을 조정함으로 서로 간의 마찰이나 대립을 조정하여 대화를 이끌어 가도록 조정과 합의를 이끌어 가는 기술이 중요하다. 질문을 회피하면 공격적 질문이 발생하기 때문에 질문을 우회적으로 돌리거나 비유적으로 자신이 알고 있는 문제로 이끌어 가는 것이 대화의 기술이다.

상대 마음을 움직이는 김부장의 비결

"이번 사건 해결에는 김부장이 적격입니다."

복잡하거나 심각한 문제가 발생하면 김부장을 찾는 이유는 상대를 설득하는 능력이 탁월하기 때문이다. 김부장은 상대의 마음을 움직이는 능력을 가지고 있기 때문이다.

상대가 화를 내거나 인신공격을 해도 흥분하지 않는다. 오히려 그러한 공격을 반대로 이용하여 상대를 더욱 자극하고 흥분시키는 방법으로 설득하는 능력은 감탄할 정도로 뛰어나다.

"나도 사람인데 감정이 없겠나. 하지만 상대를 설득하려면 내 감정을 다스릴 수 있어야 하네."

김부장의 외모는 건장한 체격으로 거친 인상을 주지만 대화를 할 때는 외모와 다르게 순진하면서 차분하다. 감정이 나면 얼굴이 붉어 지지만 김부장의 표정은 무표정으로 상대를 억압하는 능력이 있다.

김부장 비결 하나 ···▶ 흥분하지 않는다.

"먼저 흥분하면 대화가 끝나요."

어떤 말에도 김부장은 흥분하지 않는다. 상대가 거칠게 말할 때는 다른 생각을 하거나 상대 입장에서 이해하는 자세를 갖는다. 대화는 상대적이다. 서로 다른 내용을 이야기한다면 대화는 진행되지 않는다. 하나의 문제, 소재, 주제에 대한 서로의 생각을 부담 없이 교류하는 것이 대화이다.

보통은 상대의 이야기가 자신의 생각과 다를 경우 거부감을 나타내게 된다. 문제는 상대가 자신을 비평하거나 공격을 할 때 대응 자세이다. 감정적으로 대응하면 대화는 차단된다. 문제 해결을 위한 대화일 경우 대화가 차단되는 상황이 발생하지 않도록 이끌어 가야 한다.

김부장은 상대가 공격할 때 대응 방법을 판단한다.
첫 번째, 상대의 공격에 반격할 것인가!
두 번째, 상대 공격을 무시할 것인가!

상대의 공격에 반격을 한다면 상대 주장에 대한 반론을 준비하고 반론에 대한 자신의 주장을 제시해야 한다. 반론을 준비하고 공격하는 과정에서 많은 시간과 정보가 필요하게 된다. 따라서 김부장은 상대를 공격하는 방법보다는 두 번째 무시하는 방법으로 대응한다.

상대의 공격을 무시할 때는, 첫 번째는 상대방의 이야기를 무조건 칭찬하거나 동의하는 방법이 있고, 두 번째는 상대의 이야기를 완전히 무시하는 방법이 있다.

상대는 자신과 경쟁의 대상이 아니라고 판단하거나 무식해서 공격하는 것이라는 판단으로 상대의 이야기와 다른 주장을 제시하는 방법으로 상대가 지쳐 버리게 만드는 방법이 김부장이 상대 마음을 움직이는 방법이다.

김부장의 비결 둘 … ▶ 칭찬하는 방법이 있다.

엉뚱한 주장을 칭찬하는 것은 노련한 기술이다. 김부장의 설득 방법은 상대가 공격할 때는 방어만 한다는 방어 자세이다. 상대를 무시하거나 상대 이야기를 듣지 않고 다른 생각을 하면서 무조건 상대 이야기에 동의하는 방법으로 상대가 지치기를 기다린다. 상대 입장에서 이야기를 들어 주면서 맞대응하는 방법으로 끝까지 이야기를 듣고 문제점을 제시하는 것이다.

자신의 주장을 상대가 들어 준다는 것만으로도 상대를 칭찬하고 있다는 의미가 된다. "맞습니다.", "대단합니다."라는 칭찬 방법보다 상대의 이야기를 경청하면서 맞대응하는 것이 효과 있는 칭찬 방법이다.

김부장의 설득은 말보다 행동으로 상대 마음을 움직인다.

"그런 경우가 있었군요."
"선생님 입장에서는 당연하셨겠습니다."
"맞아요. 같은 생각입니다."
"그 사람이 잘못한 것이로군요."
"선생님 말을 듣지 않았다면 오해할 뻔했습니다."
"정확하게 보셨습니다."
"일리가 있는 말씀입니다."
"듣고 보니 이해가 됩니다."
"그쪽에서 잘못 알고 있었군요."
"그래서 상대 이야기를 들어 봐야 안다니까요."

 김부장의 비결 셋 ⋯▶ 기다리며 기회를 만든다.

말하는 사람은 자신의 생각을 일방적으로 전달하려는 생각 때문에 행동이 급하다. 앞서 제시한 동의하거나 칭찬하는 방법에서 볼 수 있듯이 상대의 마음을 급하게 움직이려는 성급함이 감정을 자극하는 실수의 원인이 된다. 끝까지 상대를 이해하는 노력과 기다리는 자세가 상대의 마음을 움직이는 기회를 얻게 만든다.

마음, 생각은 조건이나 환경에 따라서 변한다.

상대를 빨리 설득하려는 욕심이나 의욕감이 상대의 감정을 자극하는 실수가 되기 때문에 상대가 자신의 이야기를 받아 들일 수 있도록 기회를 만들어 가야 한다. 설득이란 상대의 다른 생각이나 주장, 오해 등을 자신의 생각이나 주장에 동조하도록 유도하는 것이다. 따라서 설득을 위한 조건과 환경을 만들어야 한다.

김부장의 비결 넷 ⋯▸ 대화의 조건과 환경을 만든다.

하사관 출신의 히틀러가 총통이 될 수 있었던 비결은 독일군과의 대화의 조건과 환경을 꾸준히 만들었다는 것이다. 대화의 조건과 환경은 대화의 공통점이다. 서로가 공감할 수 있는 대화의 소재를 만들어 같은 생각을 하도록 조건과 환경을 만드는 방법이다.

1차 세계대전으로 독일은 연합국의 발아래 짓밟히고 뒤이은 경제 공황으로 수천만의 독일인들이 일손을 놓고 실의에 빠졌다. 히틀러는 독일인의 공통적 희망을 위대하고 강력한 독일 건국이라고 주장했다.

히틀러는 독일 국민의 감정을 자극하는 연설로 총통이 되었다.

"게르만민족이 세계에서 가장 우수하다."

"나치의 붉은 깃발 아래 독일인들이 뭉쳐야 한다."

위대한 독일 제국의 꿈을 자극한 히틀러의 전략은 한순간에 독일 국민을 뭉치게 만들었다. 울고 싶은 아이의 뺨을 때려 준 역할을 과감하게 행동으로 실천했다.

"1차 세계대전의 패전은 유태인들의 배반에 의한 것이다."

히틀러는 국민의 감정을 자극해 공포의 강압 통치를 했다. 당시 독일의 조건과 환경을 이용하지 않았다면 히틀러는 존재하지 않았을지도 모른다. 이처럼 대화는 조건과 환경에 의하여 상대의 마음을 움직이게 만든다. 김부장은 대화를 하기 전에 대화를 위한 조건과 환경을 만드는 노력을 한다. 상대에 대한 정보를 수집하여 분석하는 노력이다.

김부장의 비결 다섯 ⋯▸ 상대의 이야기를 끝까지 듣는다.

김부장은 먼저 말하지 않는다. 상대의 말이 끝날 때까지 기다리고 상대의 이야기를 기록한다. 상대는 자신의 말을 듣는 김부장의 태도에 감동 받는다. 진지하게 들으면서 기록하는 자세에서 김부장의 진실성을 느끼는 것이다. 상대의 이야기를 들으면서 다른 행동을 하거나 시선이 다른 것을 보면 자신의 이야기에 관심이 없다는 것을 느끼게 되어 진실한 이야기를 하지 않는다. 믿음과 신뢰를 만들지 못하는 것이다.

대화는 믿음과 신뢰를 만드는 기술이다.

김부장은 대화를 통해 상대에게 믿음과 신뢰감을 주어 상대의 마음을 움직이는 능력을 가진 리더이다. 상대의 마음을 요리하는 사람이다.

말하는 기술은 요리와 같다

요리는 도구, 재료, 기술이 결합해 완성된다.

말의 도구는 입이고, 말의 재료는 소재이고, 말의 기술은 스피치 기술이다. 요리 메뉴가 결정되면 요리에 적합한 도구를 선택한다. 요리 재료를 구입하여 재료를 다듬은 후에 조리를 시작한다. 같은 재료로 다듬는 기술에 따라 영양소와 맛이 달라지고 재료를 혼합하는 과정에는 조리 기술이 필요하다.

재료를 다듬고 혼합하는 과정에서 무엇을 어떻게 얼마나 열을 가하고 혼합하는가에 따라 요리의 맛이 결정된다. 유능한 요리사는 요리의 맛을 모양에서 만든다.

"보기 좋은 요리가 맛도 좋다."

요리와 말은 같은 조건이고 기술이다. 같은 말도 어떻게 표현하고 전달하는가에 따라서 듣기 좋고 기분 좋은 말이 되고 꿈과 희망을 주는 말이 된다. 상대의 마음을 움직이는 말은 긍정적이고 적극적이면서 믿음과 신뢰를 만들어 주는 말이다. 말과 행동이 일치하는 것은 요리사가 자신이 먹는 음식처럼 요리를 맛깔스럽게 만들어 내는 것과 같다.

2-2 오바마 화법 - 카리스마 스피치 기술

카리스마(charisma)는 무엇인가?

① 사람들을 휘어잡거나 심복하게 하는 능력이나 자질
② 대중을 따르게 하는 초자연적 또는 초인간적 재능이나 힘

리더에게 카리스마는 절대적 가치이다

    카리스마를 만드는 방법은 두 가지이다. 첫째는 존재한다는 자체만으로 카리스마가 나타나는 경우이고, 둘째는 인위적 방법으로 카리스마를 만들어 내는 경우이다.
    전설적인 인물은 존재하는 자체만으로 카리스마가 나타난다. 모든 사람들은 상대로부터 인정받기를 원하나. 인정받는 방법으로 카리스마를 선택한다. 성공은 자연스럽게 카리스마를 만든다.
    카리스마가 없다면 조직 관리가 어렵다.
    김부장을 보면 저절로 머리가 숙여지는데 오부장을 보면 웃음밖에 나오지 않는다면 오부장은 관리자로서의 자격을 상실한 것이다.
    카리스마는 인격이나 품격을 측정하는 척도가 된다.

"김이사님은 강력하게 말씀하셔도 믿음이 안 가요."

평소에 김이사의 행동에서 조직원들이 느끼는 감정이 카리스마가 없었기 때문에 발생하는 현상이다. 강력함은 카리스마에서 창출된다. 독창적이고 차별화된 능력이나 성공담은 누구나 배우고 싶고 닮고 싶은 것으로 카리스마를 만든다.

카리스마는 한순간 만들어지는 것보다 시간 속에서 자연스럽게 형성되는 것으로 강압적 방법보다는 스스로 느끼는 감정을 자극함으로 우상화 분위기를 만들어 **리더**의 카리스마를 창출시킨다.

"회장님은 나의 우상입니다."

정주영 회장은 초등학교 중퇴이지만 건설 현장에서 건축 전공자들이 상상하지 못하는 건설 공법을 만들어 냈다.

1983년 서해 간척지를 개간할 때 6,400m 구간에서 270m를 남겨 놓고 강한 물살로 공사 중단 위기가 왔다. 해결을 위해 322m의 유조선을 대는 공법을 제시했을 때 많은 공학자들은 무모한 도전이라고 반대했다. 이론적으로 설명되지 않는 방법은 무모한 짓이라는 평가였지만 정주영 회장은 불도저처럼 밀어붙여 성공했다.

정주영의 카리스마는 이처럼 현장에서 나타났다.

"해 보기나 했어?"

정주영은 대부분의 사람들이 해 보지도 않고 못한다고 말하는 것을 가장 싫어했다.

"나는 아직도 부유한 노동자일 뿐이며 노동을 해서 재화를 생산해내는 사람일 뿐이다."

그는 행동으로 보여 주는 리더였다. 상상이나 공상만 하고 무조건 반대를 위한 반대를 하는 사람을 경계했다. **리더**가 행동으로 보여 줌으로써 조직원들은 **리더**에 대한 확고한 믿음과 신뢰를 얻는다. 조직원들이 정주영 회장을 자신의 우상으로 생각하는 것은 자연스러운 현상이다. 상상으로 불가능하다는 판단을 행동으로 가능하게 보여 주는 **리더**

에게 복종하지 않을 조직원은 없다. 반대로 행동하지 않고 명령만 하는 리더를 우상으로 받드는 조직원도 없다.

카리스마는 만들어 나간다

   정주영이나 스티브 잡스는 먼저 행동으로 실천함으로써 조직원이 자연스럽게 복종하도록 만들었다.
   히틀러는 하사관 출신이었지만 총통이 되었으며 초등학교를 졸업하지 못한 정주영은 세계적인 현대그룹을 만들었고 마스시다 고노스케는 일본의 세계적인 기업 마스시다그룹을 만들었다. 그들의 공통점은 조직원들에게 강압적인 방법으로 복종하도록 요구하지 않았다는 점으로, 리더를 보며 스스로 복종하고 순종하게 만들었다는 점이다.
   최악의 조건에서도 포기하지 않고 도전하여 결과를 만들어 내는 정주영과 마스시다 고노스케의 정신은 조직원들에게 우상이 되었으며 조직원들이 리더를 본받아 행동하는 것에 주저하지 않게 만들었다.

   행동하는 리더가 카리스마를 만든다.
   불가능을 가능하게 만드는 힘이다.

   신시장을 개척하고 새로운 고객을 창출하게 하는 힘, 신상품을 개발하고 신소재를 찾아내고 신기술을 개발하는 힘, 사원들의 개척과 개발을 자극하는 것은 리더가 제시하는 비전의 신비로움과 자신감에서 창출되는 능력이다.

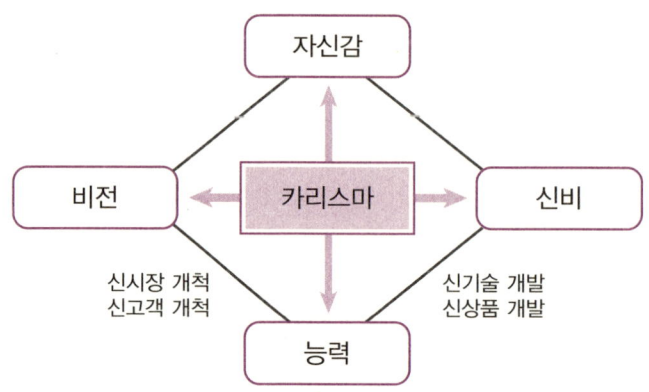

능력이나 자질을 키워라

능력과 자질은 자신감에서 창출된다. 직장 내 다양한 동호회 활동은 사원들의 친목을 통해 자신감을 심어 주는 활동이다.

리더와 자연스럽게 만나 공감대를 형성하는 방법으로 동호회 활동이 적합하다. 가족은 대화 부족으로 가장 가까운 관계지만 먼 관계가 되었다. 칭찬은 대화 부족으로 발생하는 문제점을 방지한다. 관심이 없으면 칭찬할 수 없기 때문에 대화는 부족하지만 관심을 가지고 서로의 관계를 유지하는 방법이 된다.

관심과 칭찬은 자녀들의 자질을 자극하고 능력을 향상시키는 방법이다. 부모의 칭찬이 자녀에게 꿈과 희망을 심어 주기 때문이다. "너는 이것도 못해!"라는 비평보다는 "지난번보다 좋아졌다."라는 관심에서 자녀는 노력하게 된다.

리더와 사원 관계도 가족 관계와 같다.

능력과 자질을 키우는 방법은 관심을 가진 칭찬이다.

어떻게 사원을 칭찬할 것인가는 사원들과 만나는 공간과 시간을 만드는 방법이다. 다양한 동호회 활동은 리더와 사원이 자연스럽게 업무를 떠나서 교류할 수 있다.

개는 사람보다 500배 이상 후각이 발달되어 냄새를 식별한다. 마약 탐색견으로 훈련시킬 때 조련사는 개를 칭찬한다. 목과 머리를 쓰다듬고 먹이로 보상한다. 후각이 발달되어 있어도 칭찬이라는 훈련 수단이 없다면 자질이 능력으로 발달하지 못한다.

리더의 카리스마는 적절한 순간에 칭찬하는 기술이 필요하다.

목소리는 자신감에서 나와야 한다. 칭찬은 칭찬을 받는 사람에게 자신감을 심어 주는 리더의 카리스마이다.

칭찬이 자신감을 심어 준다.

바늘귀에 실을 쉽게 꿰는 방법은?
"실에 침을 발라요."
"바늘구멍을 크게 만들어요."

실은 바늘에 꿰어야 실의 역할을 한다. 바늘은 실이 있어야 바늘의 역할을 한다. 실에 침을 바르는 것은 흔들리는 실을 침으로 고정시켜 좀 더 쉽게 구멍에 꿰기 위한 수단이다. 그러나 침을 묻히는 과정에서 시간이 소요되고 침을 묻힌다고 반드시 바늘구멍에 실이 잘 꿰지는 것도 아니다.

바늘구멍을 키우면 바느질 과정에서 천에 자국이 남기 때문에 바늘의 가치가 상실된다.

두 가지 문제점을 해결하는 방법이 있다.

바늘과 실을 연결하는 고리를 만드는 방법이다.

바늘에 들어가는 고리에 실을 넣어 당기면 가는 실도 간단하게 바늘구멍에 들어간다.

이와 같이 칭찬에도 방법이 있고 순서가 있다.

칭찬이 자신감을 심어 준다고 무조건 칭찬하면 실에 침을 너무 많이 묻혀 바늘구멍에 실을 꿰지 못하게 만드는 것과 같다.

리더의 칭찬 한 마디는 사원에게 꿈과 희망을 심어 준다.

바늘과 실 사이에 고리를 만들듯이 리더의 칭찬은 고리 같은 과정을 통해서 칭찬한다. 고리는 과정이고 순서이다. 제안에서 개발, 개척까지의 과정을 칭찬한다. 적절한 과정을 판단하여 결과를 만들도록 칭찬하는 방법은 평소에 사원에 대한 관심에서 나온다.

- 비전을 제시하는 카리스마

"이 공장은 금년부터 계속해서 260만 톤으로 확장 공사를 하고, 또 계속해서 1979년 말까지는 700만 톤 규모까지 확장할 계획을 지금 추진하고 있습니다."

1970년 외자 711억 원(1억 7,800만 달러), 내자 493억 원 합계 1,204억 원을 투자하여 건설한 103만 톤짜리 포철 준공식 치사에서 박정희 대통령은 1980년대 비전을 제시했다.

1969년에 시작한 한국 철강업은 급속도로 기술력을 확보하면서 철강 강국 형성을 위한 미래를 제시했다. 철강업이 모든 산업의 근간이라고 판단했던 박정희 대통령은 꿈의 비전을 제시하면서 포항제철 임직원에게 도전할 것을 강력하게 주장했다.

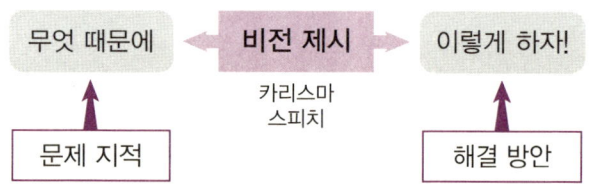

카리스마는 무조건 만들어지는 것이 아니다.
현실적인 문제점 제시와 이를 해결한 이후의 결과를 제시한다.
비전 제시에 의하여 카리스마는 조직원의 공감대를 자극할 수 있다.
조직원이 공감하는 문제점을 지적하고 문제 해결을 통하여 조직원에게 어떤 이익이 창출되는가에 대한 구체적인 비전을 제시하는 것이 비전을 통한 카리스마를 만드는 방법이다.

- 리더는 지속적으로 단계적인 꿈과 비전을 제시해야 한다

전투의 승리는 이길 수 있다는 자신감을 심어 주는 것에서 창출된다. 상대가 "나보다 강하다."라고 판단하면 행동이 위축되지만 상대의 약점을 알거나 약하다고 판단되면 자신감에 힘이 창출된다.

비전 제시는 사원들에게 꿈과 희망을 심어 주어 창의적 사고를 가지고 도전하도록 만든다. 따라서 비전을 제시할 때는 강력한 카리스마로 근거를 바탕으로 확실하게 제시해야 한다.

철강 기술 습득을 위해 많은 기술자들이 일본 연수를 다녀왔다.

일본인들은 불모지 한국 철강업을 가볍게 보면서도 기술 유출에 대한 경계를 강화했다. 한국 기술자들은 어려움 속에서 기술 습득을 위해 밤잠을 설치며 노력했다. 한국 철강업의 미래에 대한 꿈을 자신들이 실천한다는 각오가 그들에게 용기와 지혜를 만들어 주었다.

국가에 대한 충성은 지도자의 강력한 카리스마에서 창출된다.

1960년대 한국보다 국민소득이 높았던 필리핀, 아프리카 등의 많은 국가들은 강력한 지도자의 카리스마가 없었기 때문에 30년이 지나면서 한국 경제 발달에 밀려났다. 유리한 조건을 이끌어 가는 힘은 확고한 비전을 제시하는 카리스마에서 창출된다.

- 비전 제시로 세계 최대 땅을 지배한 칭기즈칸

"나라를 재건하자!"

세계 최대 영토를 지배했던 칭기즈칸이 흩어진 부족을 모으며 외쳤던 비전이다. 칭기즈칸은 부족을 모으면서 세 가지를 제시했다.

하나, 나라를 만드는 것.

둘, 주변 국가로부터의 위협을 없애는 것.

셋, 중원을 경영하는 것, 나아가 천하를 통일하는 것.

칭기즈칸이 부족에게 제시했던 비전은 중국 땅을 넘어 유럽대륙까지 뻗어 갔다. 테무친은 열일곱 살 때 타타르 족의 습격으로 아버지를 잃고 그의 부족은 모조리 흩어졌으며 자신은 포로로 끌려갔다.

"흩어진 부족을 되찾고 아버지의 원수를 갚는 것!"

"할 일이 있는 한 나는 죽을 수 없다!"

부족에게 공동 목표를 제시하자 쉽게 뭉쳐지는 방법이 찾아졌다.

리더가 비전을 제시할 때는 조직의 공동 목표를 제시하는 방법으로 조직을 결집시킬 수 있다. 일등 기업이 되기 위해 일등 상품을 개발하면 사원들에게 이익을 공동 분배한다는 원칙을 제시하여 사원들이 자기 능력을 개발하도록 유도하는 것은 중소기업에서 대기업으로 발전했던 모든 기업의 공통적 비전 제시이다.

리더는 사원의 능력을 키우는 비전을 제시한다.
자기계발을 통한 상품 개발, 기술 개발,
신시장 개척과 고객 창출을 사원들의 수당과 연계시켜
기업의 경쟁력을 창출하는 스피치 기술이다.

초자연적(초인간적) 재능이나 힘으로 카리스마를 만들어라

- 리더의 카리스마는 신비로움에서 나온다

리더는 조직원에게 신뢰와 믿음을 주는 방법을 찾아야 한다.

"주군의 뜻이라면 목숨을 내놓겠습니다."

세계적인 지도자들에게는 충성을 맹세하고 행동하는 조직원이 있었다. 한 사람이 국가를 이끌거나 기업을 이끄는 데는 한계가 있다. 지도자의 생각을 이해하고 충성을 맹세하는 추종자를 얼마나 확보하는가에 따라서 국가와 기업의 발전 속도가 결정된다.

리더의 신비로움이 충복을 만든다.

프랭클린 루스벨트는 운전사, 정원사, 주방장의 이름을 불러 주는 것으로 많은 사람들에게 칭송을 받았다. 미국 대통령 4선을 만들어 준 비결은 상대 이름을 기억하고 불러 주는 것이었다.

어떻게 많은 사람들의 이름을 기억할까?

루스벨트의 신비로움은 이름을 불러 주는 능력이다.

정주영의 신비로움은 불가능을 가능하게 만드는 능력이다.

리더의 신비로움은 작은 것에서 시작된다. 상대 이름을 기억하는 방법을 찾는 노력과 불가능을 가능하게 하는 방법을 찾는 노력이 리더의 신비로움을 보여 주는 방법이다.

21세기 기업에서 창업자와 리더는 직책만으로 카리스마를 보여 줄 수 없다. 조직원을 이끌어 가는 능력을 증명해야 한다. 스티브 잡스처럼 앞장서서 새 상품을 소개하는 노력을 보일 때 충복이 나온다. 21세기는 리더 한 사람의 아이디어나 노력으로 성공하기 어렵다. 조직원이 리더와 동참하여 도전하고 개척하는 기업의 풍토를 만들어야 한다.

리더에게는 특별한 능력이 있다

조직원은 리더에게 특별한 능력이 있다고 믿는다. 리더의 능력은 재능으로 시작된다. 정주영의 재능은 판단력이고 추진력이다. 사업가는 상품을 보는 순간 가치를 판단하고 결정한다. 영업 사원은 상품을 보면 어떤 방법으로 얼마나 팔 수 있는지 판단을 한다.

사업가와 영업 사원의 판단력은 경험과 재능에서 나온다. 풍부한 경험이나 선천적인 재능에 의하여 상품에 대한 판단을 한다. 영업 사원은 누구를 대상으로 상품을 소개할 것인가를 생각하고 계획하고 행동한다.

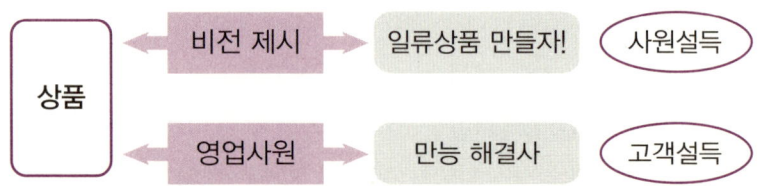

리더는 상품 개발을 위해 사원에게 참여할 것을 설명하고 영업 사원은 상품의 중요성을 고객에게 설명하여 판매한다.

사원을 설득하는 방법과 상품을 설명하는 방법에 따라서 사원이 공감하여 참여하게 만들고 고객의 마음을 자극하여 구매하게 만드는 스피치 기술은 리더와 영업 사원의 능력이고 재능이다.

그렇다면 어떻게 설득하고 설명할 것인가?

설득과 설명은 상대를 이해시키는 점에서 같지만 다르다. 설득은 기존의 생각을 바꾸게 만드는 방법이고 설명은 새로운 것이나 잘못된 것을 올바르게 제시하는 방법이다. 바꾸는 것과 제시하는 것은 말하는 내용과 방법이 다르다. 어떻게 어떤 방법으로 말할 것인가를 선택하는 것부터가 재능이고 능력이다. 사람의 마음을 움직이게 만드는 것은 스피치 기술이다.

"어제 옆집에서 싸움이 났는데 글쎄 남자가 바람을 피운 현장에게 걸렸대~! 그런데도 남자는 잘못이 없다고 큰소리치는 거야!"
"그 남자 뻔뻔하다!"
"여자가 잘못 봤겠지~."
여자 친구들은 자신의 생각을 주관적으로 이야기한다.

"남자가 바람 피는 걸 여자친구가 봤대. 그래서 현장에서 잡혔대."
"재수가 없군."
남자들은 객관적으로 이야기하고 반복해서 말하지 않는다.
남자와 여자의 대화 방법이 다르다.
남자는 5분 이상을 말하기 어렵지만 여자는 하루 종일 말을 해도 끝나지 않는다. 무엇 때문일까?
대화하는 자세와 방법의 차이이다.
남자는 상대를 보지 않고도 말을 하지만 여자는 상대와 눈이 마주치면 말한다. 남자는 전달하고자 하는 내용을 중시하지만 여자는 듣는 사람의 자세를 중요하게 생각하기 때문이다. 여자의 대화 기술은 상대를 보면서 말하기 때문에 장단을 치는 대화 기술이다.
같은 이야기도 상대에 따라서 다르게 말하고 수시로 대화를 바꾸는 기술이 있다. 이야기를 이끌어 가는 기술이다. 같은 말을 반복하면서도 같은 말을 한다고 생각하지 않는다. 등장인물이 다르고 등장인물의 성격을 바꾸면서 이야기를 진지하게 꾸며 간다.
이야기는 상대적이다. 상대가 이야기에 동참하도록 이야기를 꾸며 가는 기술은 상대의 마음을 이해하고 함께 이야기 속으로 참여하는 자세가 있기 때문이다. **리더**는 조직원의 마음을 이해하고 조직원이 무엇을 원하고 있는가를 파악하는 기술이 필요하다.

"하워드 서스톤의 마술 세계로 여러분을 초대합니다."
마술을 속임수라고 하면서도 초능력이라고 말하기도 한다. 자신이 할 수 없는 초인적인 행동을 연출하기 때문에 대리 만족하는 이유이다.
마술은 일상생활을 탈출하여 새로운 세계에서 자신의 욕구불만과 스트레스를 풀어 가는 방법으로 오랜 세월 존재하고 있는 손기술이면서 마법의 스피치 세계이다.
40여 년간을 마술계의 왕자로 세계 각지를 순회공연하는 하워드 서스톤이라는 유명한 마술사가 있었다. 그의 마술은 관객들에게 환각을 불러일으켰다. 6,000만 명 이상의 많은 사람들이 그의 마술을 보려고 입장료를 지불했고 그는 200만 달러 이상의 수입을 얻었다. 그는 초능력자가 아니다. 소년 시절 집을 나와 부랑아가 되어 떠돌며 화차를 몰래 타고 무전여행을 했고 건초 더미 속에 묻혀 잠을 잤으며 문전걸식으로 연명했다. 글자는 철도 연변의 광고를 읽으며 화차 속에서 익혔다. 기술에 대하여 특별한 지식을 갖고 있지 않았다. 마술에 대한 책자는 산더미처럼 출판되어 있고 그가 하는 마술은 많은 마술사들이 하고 있다.

하지만 그에게는 다른 사람이 흉내 낼 수 없는 것 두 가지가 있었다. 하나는 관객을 강하게 끌어당기는 그의 인간됨이고 다른 하나는 예능인으로서 관객의 마음을 잘 파악하는 것이었다. 그는 마술 동작을 위해 몸동작, 말하는 법, 표정 등 작은 행동과 말까지 수없이 반복하며 충분히 연습하고 1초의 착오도 없이 연출하기 때문에 관중들이 열광하는 것이다.

하워드 서스톤을 세계적인 마술사로 만든 것은 철저한 준비를 통한 끝없는 노력이다. 말과 행동은 준비와 노력으로 만들어진다.

말 잘하는 리더가 되는 방법

"나는 웅변가이다."
"나는 윈스턴 처칠이다."
"나는 루스벨트와 같은 유머 감각이 있다."
"나는 스티브 잡스와 같은 홍보 리더이다."
"나는 빌 게이츠와 같은 영업의 귀재이다."
"나는 오바마이다."

먼저 '나는 어떤 **리더**다'라는 자기암시부터 시작한다.

말하는 방법은 반복된 훈련이므로 연습하면 된다. 중요한 것은 자기암시를 통해 자신감을 만드는 훈련이다. 내 말에 조직원이 감동할 것이라는 자기암시는 어떻게 감동시킬 것인가의 방법을 찾게 만든다. 노력은 암시에서 시작된다.

어떻게 짧게 말할 것인가?

그렇다면 조직원이 원하는 것은 무엇인가?

원하는 요소를 찾아내면 그것을 설명할 가장 적합한 단어를 찾아내고 단어를 결합하여 가장 짧으면서 내용을 함축시킬 단어를 찾아내는 노력이 필요하다.

오바마 연설의 특징

오바마가 자주 사용하는 연설 기법

① 문장 첫 부분에 어구를 반복한다.
"I have a dream"을 사용했던 마틴 루터 킹 기법이다.
② 리듬을 타고 경쾌하게 표현한다.
듣는 사람 입장에서 편히고 쉽게 감정을 자극시킨다.
③ 친숙하고 쉽고 간결한 문장을 강하게 표현한다.
"우리가 해냅시다!" "함께 뭉치면 됩니다."라는 공감을 자극하여 청중의 자긍심을 이끌어 낸다.

오바마의 연설 기법 특징 5가지

첫째, 상대가 듣고 싶어 하는 것을 찾는다.
둘째, '나도 당신과 생각이 같다'는 확신을 준다.
셋째, 상대의 특성을 파악하여 감성에 호소한다.
넷째, 간결한 근거를 적절하게 제시한다.
다섯째, 부정을 긍정으로 표시하고, 절망도 희망으로 제시한다.
☞ 다섯 가지를 제시한 이후에 자신의 생각을 말한다.

말을 잘하는 사람의 공통점은 상대 이야기를 끝까지 듣는 습관이 있다는 점이다.

자신의 생각을 말하기 전에 상대가 무엇을 생각하고 있으며 무엇을 원하고 있는가를 파악한다. 말을 잘하지 못하는 것은 성급하게 자신의 생각을 전달하려는 욕심 때문이다.

오바마와 마틴 루터 킹의 반복어법

"지금이 바로 그때(Now is the time to……)"
"우리에게 만족이란 없습니다(We can never be satisfied as long as…)"
"나는 꿈이 있습니다(I have a dream that one day……)"
"~에서 자유가 울려 퍼지게 하자(Let freedom ring from……)"
마틴 루터 킹의 반복어법이다.

"우리는 약속했습니다(We were promised…… and we got……)"
"나는 이 경선에서(I'm in this race to…)"
"~ 이유로 나는 대통령이 되기 위해 달리고 있습니다.
(I am running for President because……)"
"나는 보기를 원치 않습니다(I don't want to see……)"
"우리는 할 수 있습니다.
(Yes we can, Change, One Voice, American)
오바마도 핵심 키워드 반복

두 사람의 공통점은 반복하여 비전을 제시함으로써 대중의 공감을 이끌어 냈다는 점이다. 반복어법은 적절한 사용이 중요하다. 지나치게 반복하면 대중은 피곤함과 지루함을 느낀다.

오바마 어법

- 단어 선택

전달하고자 하는 내용에 적합한 일반적 단어를 찾고 누구나 듣기 쉽고 편한 긍정적 단어를 선택하여 상대의 이해와 공감을 이끌어 낸다.

- 표준 발음

표준 발음을 사용하면서 끊어야 할 부분과 강조해야 할 부분을 정확하게 구분하여 발음한다. 빠르게 말하기 보다는 정확하게 말하는 습관이 있다.

- 인칭 사용

'나', '우리', '여러분'을 지칭함으로써 함께 이야기를 나누고 있다는 의식을 심어 준다.

- 비교 방법

비판보다는 비교와 대비를 통해 내용을 명확하게 제시함으로써 자신의 주장에 대한 가치를 집중시키고 설득력을 높인다.

- 비언어 사용

청중의 시선을 집중시키기 위해 주변의 적절한 소품 사용과 무대 연출로 메시지를 부각시킨다.

- 이분법을 피한다

긍정과 부정을 비교하는 병치법으로 서로 다른 생각의 차이를 선명하게 도출함으로써 자신의 주장을 확고하게 제시힌다.

- 비전을 제시한다

간결하고 명확하게 구체적인 목표를 제시함으로써 긍정과 희망의 비전을 제시하는 자신감으로 '우리'라는 공동체 의식을 심어 준다.

자신의 카리스마를 만들어라

"사장님 앞에서는 직원들이 말을 하지 않습니다."

직원이 무엇을 원하고 있는가를 듣지 못하는 리더는 이미 경쟁력을 상실한 것과 같다. 리더의 카리스마는 강압과 통치로 만들어지는 게 아니다. 지나친 강압과 통제는 조직을 깨뜨리는 원인이 된다.

"힐러리! 힐러리!"

많은 국민들은 힐러리가 대통령이 된 것처럼 외쳤다. 미국 전역을 돌며 강연하면서 힐러리에 대한 인식이 바뀌었다. 2008년 미 대선에서 힐러리는 초반에 많은 지지를 얻고 있었다. 하지만 가면 갈수록 지지자가 떨어져 나갔다. 이유는 연설에 있었다.

그녀는 국민을 가르치려 했기 때문에 듣는 사람은 피곤해지기 시작했다. 반대로 버락 오바마는 연설을 하면서 인기가 상승했다. 그는 대중과 공감하는 주제로 연설보다는 이야기를 했다.

조직 관리에서 리더가 어떻게 직원들에게 말을 할 것인가는 오바마와 힐러리의 비교에서 알 수 있다.

리더가 권위로 직원들을 가르치려고 한다면 듣는 사람은 피로감을 느낀다. 자신이 전하고자 하는 내용을 전달하는 방법은, 직원의 입장을 먼저 듣고 그 다음 경영자의 입장을 설명하는 것이 순서이다.

대화는 쌍방향이다

일방적인 대화는 지시이고 명령이다.
지시와 명령은 지시된 내용만을 행동으로 나타내지만 대화를 통한 설명과 이해를 만드는 대화는 스스로 문제를 찾아내어 창의적 사고로 문제를 해결한다.

> 대화는 상대를 가르치는 것이 아니라
> 서로의 생각을 나누는 것이다.

모방에서 자기 것을 만들어라

말할 내용과 단어가 결정되면 표현 방법을 연습한다.
히틀러가 연극배우를 통해 말하는 자세와 표정, 말의 속도 등을 훈련 받았듯이 자신의 특징을 살려 표현하는 방법을 반복하여 훈련한다. 자신을 '오바마'라고 생각하고 세계인을 대상으로 연설하는 상상을 하며 연습한다.
자신을 세계적 리더로 생각하라.
"누구처럼 말을 하겠다는 것보다 누구처럼 말을 한다."라고 자신에게 암시하고 노력하는 방법이 학습 효과가 높다. 동영상을 반복하여 보면서 같은 동작, 같은 어법으로 훈련한다.

  창조는 모방에서 나온다.

  자신감은 모방에서 쉽고 간단하게 찾아 만든다.

동영상 학습 방법

자신이 닮고 싶은 리더의 동영상을 선택한다.
동영상에서 특징을 찾아낸다.
말하는 동작을 구분한다.
말하는 표정을 구분한다.
말하는 억양을 구분한다.
동작을 따라 한다.
표정을 따라 한다.
억양을 따라 한다.
자신에 적합한 동작을 선택한다.
자신의 표정을 만든다.
자신의 억양을 만든다.

2-3 보이스 트레이닝 방법

목소리는 타고난다는 것이라는 말이 있다. 상대를 편안하게 만드는 소리가 있고 듣는 사람에게 거부감을 주는 목소리도 있다. 평안함과 거부감을 만드는 것은 목소리의 리듬 때문이다. 따라서 리듬을 조절하면 누구나 평안함을 주는 목소리를 낼 수가 있다.

리듬은 흐름이고 흐름은 상대적으로 만들어지는 현상이다. 조용한 곳에서는 아주 작은 소리로 들리지만 시끄러운 곳에서는 큰소리가 아니면 전달되지 않는다.

허스키한 목소리가 심금을 울리는 이유는 무엇인가?

리듬으로 소리가 전달되기 때문이다. 소리는 표현이기 전에 전달이다.

맑은 소리와 탁한 소리, 소리에는 음색이 있다

폴 포츠는 영국의 노래경연대회 〈브리튼즈 갓 탤런트〉로 인생 역전에 성공한 주인공이다. 그의 우승 장면은 무려 55%의 시청률에 1,350민의 영국 시청자를 감동시켰다. 유튜브는 7,000만 건이 넘는 조회 수로 기록을 수립했다.

데뷔 앨범 〈One Chance〉는 15개국에서 400만 장이 넘게 팔렸다. 3,000만 원의 카드빚에 시달렸던 그가 1집 음반 판매 수익만으로 20억 원 이상의 수입을 올리면서 인생 역전의 주인공이 되었다.

그의 미성은 타고났으나 가정 형편이 어려워 정규 과정으로 음악 교육을 받지 못했다. 자신이 꿈꾸는 오페라 가수의 음반을 구입하여 수없이 반복하여 노래를 불렀다. 한 번도 남 앞에서 노래를 불러 본 적이 없는 그가 브리튼즈 갓 탤런트 대회에 참가한 것은 마지막 도전이었다.

대회 참가를 위한 준비를 했던 것은 아니었지만 끝없이 반복하여 연습했던 노력의 결과는 대회 우승이었다. 타고난 목소리를 끝없이 가꿔 온 노력이 없었다면 얻을 수 없는 기회를 잡았다. 미성만 믿고 노력하지 않았다면 기회를 얻지 못했을 것이다.

☞ 타고난 목소리도 가꾸지 않으면 녹이 슨다.

목소리는 개성이다

히틀러의 목소리는 거칠어 상대에게 부담을 주었지만 히틀러가 주장하고자 하는 것을 전달하는 데는 효과가 컸다.

각기 다른 음색은 개성이다.

자기만의 독특한 음색을 살려서 개성을 전달하는 방법으로 만들어 내는 것은 반복된 훈련이다. 합창은 네 개의 파트가 어우러져 하모니를 이룬다. 남성 파트는 테너와 바리톤이고 여성 파트는 소프라노와 알토이다.

고음과 저음이 화합할 때 가장 아름다운 소리가 된다.

사람마다 고음과 저음으로 구분되며 자신이 어느 파트에 속하는가를 구분하여 자신의 음색을 키우면 된다. 높은 소리를 내는 사람은 낮은 소리에 약하고 낮은 소리를 내는 사람은 높은 소리에 약하다. 따라서 낮은 사람은 자신의 음색에 맞춰서 노래를 부른다.

음악의 리듬은 조절이다.

목소리도 조절하면 아름다운 소리가 된다. 높은 소리는 날카로운 소리이다. 그럼에도 높은 소리가 아름답게 느껴지는 것은 높은 소리의 리듬 때문이다. 톱에서 나오는 쇳소리는 높고 날카로워 듣는 사람으로 하여 피곤함을 느끼게 하거나 신경질적인 반응을 일으키게 한다. 그러나 톱 연주는 듣는 사람에게 신비로움을 느끼게 한다.

방송인은 목소리가 중요하다. 일부 방송인의 목소리는 듣는 사람에게 거부감을 줘 신경질적 반응을 불러일으킨다. 그럼에도 지속적으로 출연하는 것은 시끄럽고 날카로운 소리가 다른 소리와 어울려 새로운 느낌을 자극하기 때문이다.

목소리는 바꿀 수 있다

"나는 목소리가 안 좋아서······."

모든 사람이 성우는 아니다. 자신의 음색에 적합한 연설 방법을 훈련하면 상대에게 독특한 메시지를 전달하는 수단이 될 수 있다. 남과 다른 음색은 상대에게 강한 메시지로 기억된다.

거친 목소리가 자극을 준다.

〈나는 가수다〉에서 일약 스타가 된 임재범의 목소리는 거칠다. 거친 음색이 방청객의 답답함을 깨뜨리는 반전의 효과를 만들었다.

'거친 소리'를 '답답함을 깨뜨리는 소리'로 바꾼 비결은 무엇일까?

소리와 리듬의 조화이다. 거칠기만 하다면 답답해서 듣기가 거북하지만, 거친 소리에 적절한 높낮이가 있어 리듬이 전달될 때는 폭발적인 반응을 일으킨다.

누구나 자신의 음색을 가지고 있다. 숀 코네리는 저음과 무거운 목소리를 가졌고 이선균은 착한 목소리를, 최민수는 건방진 목소리를 가졌다. 이처럼 목소리는 참으로 다양하다.

각기 다른 목소리가 개성으로 전달되는 것은 발음 때문이다.

정확한 발음으로 음색의 차이를 개성으로 만들면 듣기 좋고 오래 기억되는 목소리로 바뀌게 된다. 허스키한 목소리가 가슴을 울리는 것과 같다. 크게 말하면 듣기 거북한 쉰 목소리도, 리듬을 조절하면 낮게 속삭이는 소리가 된다. 자신의 목소리를 정확하게 파악하는 것이 개성 있는 목소리를 만드는 방법이다.

독특한 목소리가 개성 있는 목소리가 될 수 있다.

소리와 호흡의 관계

소리는 숨을 들이마시고 내뱉는 과정에서 나온다. 숨 길이가 짧은 사람과 긴 사람의 차이가 소리의 차이로 나타난다.

호흡은 3가지로 구분된다.
① 생활 호흡 - 일상 활동에 필요한 자연스러운 호흡
② 생리 호흡 - 생체적 조건에 의한 반응적 호흡
③ 운동 호흡 - 체력 관리나 호흡 관리를 위한 호흡

신체적 조건에 따라 길고 짧은 호흡을 하도록 구조되어 있다. 그래서 신체 관리를 위해 호흡의 길이를 조절 및 관리하는 것이 좋다.
  소리는 호흡 길이와 구강 구조에 의한 울림으로 각기 다른 소리가 되므로 좋은 소리를 만들려면 호흡 방법을 운동하고 구강 구조를 적절하게 활용하는 훈련을 해야 한다.
  소리의 공명 효과를 높이는 방법이 소리 훈련이다.
  소리는 크기와 울림에 의하여 만들어진다. 피리 소리가 피리 구멍의 위치와 크기에 따라서 형성되는 것과 같이 목구멍의 구조와 호흡량에 의하여 소리가 결정된다.

목소리의 크기에 따라서 저음과 고음으로 구분하고 그 사이에 중음이 있다. 사람에 따라서 저음에 가까운 중음이 있고 고음에 가까운 중음도 있다.

소리는 목구멍에서 나오지만 반사되어 들리기 때문에 소리를 조절하는 방법을 이용하면 개성 있는 목소리로 전달된다. 같은 소리도 어떤 공간에서 듣는가에 따라 각기 다른 소리로 들리는 것은, 소리가 공간에 의하여 변하기 때문이다.

소리의 구분

자신의 목소리가 어느 영역에 속하는가를 파악하여 보이스컨설팅을 받으면 대중에게 적합한 훌륭한 목소리를 만들 수 있다.

- 소리 크기 구분

저음, 중음, 고음

- 소리 길이 구분

긴 소리, 짧은 소리

- 소리 음색 구분

된소리, 쉰 소리,

- 소리 강약 구분

굵은 소리, 가는 소리

- 소리 박자 구분

엇박자, 순 박자

- 소리 파장 구분

시끄러운 소리, 아름다운 소리

- 소리 감각 구분

자장가 느낌, 기계 소음 느낌

자신의 목소리를 구분하여 개성 있는 음색을 만든다.

"나는 마이크 체질이야."

마이크의 기계 소리와 어울리는 음색을 말한다. 소리가 작아도 마이크를 사용하면 큰소리로 전달될 수 있기 때문에 소리의 크기보다 중요한 것은 소리의 색깔인 음색이다.

음색은 호흡 훈련으로 바꿀 수 있다.

대중에게 말할 때, 어느 장소에서 말하는가에 따라 소리를 조절하거나 음색을 조절한다. 소리는 작지만 발음이 정확하다면 개성 있는 소리로 전달할 수 있다.

호흡 훈련은 흉부 호흡과 복식호흡으로 구분한다.

호흡이 짧으면 발음도 정확하지 않으므로 평소에 길게 호흡하는 훈련이 필요하다. 호흡 길이가 짧고 숨소리가 거칠고 가는 소리가 나는 것은 흉부로 호흡하기 때문이다. 호흡량이 적기 때문에 자연히 소리가 거칠고 가늘게 날 수밖에 없다.

복식호흡은 가슴 아래 배 부분으로 호흡하는 방식이다.

배는 가슴보다 크고 넓기 때문에 많은 양을 저장할 수 있으며 가슴에 힘을 주지 않기 때문에 폐에 무리를 주지 않아 호흡을 길게 할 수 있다. 복식호흡을 단전호흡이라고도 부르며 운동선수는 반드시 복식호흡으로 폐활량을 키우고 단전을 단련시켜야 한다.

호흡 길이와 신체적 건강은 비례한다.

운동선수가 호흡 운동을 가장 중요하게 여기는 이유가 건강과 관계되기 때문이다. 건강하지 못하면 운동도 제약을 받는다. 따라서 호흡은 소리 내는 데 가장 중요한 훈련이다.

발음 교정 및 파워 발성 연습

복식호흡이 가능하면 발음 교정 및 정확한 발성 연습을 한다.

▶ 준비 발성

아- 이- 우- 에- 오-(저음) : 3-5-7번
아- 이- 우- 에- 오-(중음) : 3-5-7번
아- 이- 우- 에- 오-(고음) : 3-5-7번

▶ 반복 발성

저음, 중음 반복하기
중음, 고음 반복하기
저음, 중음, 고음 반복하기
저음, 중음 섞어하기
중음, 고음 섞어하기
저음, 중음, 고음 섞어 하기

▶ 5단계적 분리 발성

아, 아, 아, 아, 아,
이, 이, 이, 이, 이,
우, 우, 우, 우, 우,
에, 에, 에, 에, 에,
오, 오, 오, 오, 오,

▶ 길게 발성

아, 이, 우, 에, 오 ―――――(5초 씩)
아, 이, 우, 에, 오 ――――――――――(10초 씩)
아, 이, 우, 에, 오 ――――――――――――――――(15초 씩)

▶ 두 단어 결합 발성

아이, 아우, 아에, 아오
이아, 이우, 이에, 이오
우아, 우이, 우에, 우오
오아, 오이, 오에, 오우

▶ 강약 조절 발성

가-가가가, 나-나나나, 다-다다다, 라-라라라, 마-마마마,
바-바바바, 사-사사사, 아-아아아, 자-자자자, 차-차차차,
카-카카카, 파-파파파

▶ 파워 발성

가― 가― 갸― 갸― 갓!

나- 나- 냐- 냐- 낫!
다- 다- 댜- 댜- 닷!
라- 라- 랴- 랴- 랏!
마- 마- 먀- 먀- 맛!
바- 바- 뱌- 뱌- 밧!
사- 사- 샤- 샤- 삿!
아- 아- 야- 야- 앗!
자- 자- 쟈- 쟈- 잣!
차- 차- 챠- 챠- 챳!
카- 카- 캬- 캬- 캇!
타- 타- 탸- 탸- 탓!
파- 파- 퍄- 퍄- 팟!
하- 하- 햐- 햐- 핫!

발음 연습은 급하게 하지 말고 하나씩 정확하게 발음한다. 천천히 정확하게 발음이 되면 속도를 조절하여 정확하고 빠른 발음 연습을 한다.

발음 교정 방법

자기 소리를 정확하게 듣는 방법은 주변의 도구를 이용하는 방법이다. 바가지, 들통, 헬멧 등을 머리에 쓰고 글을 읽거나 연설을 한다. 밀폐된 공간에서는 자신의 목소리를 정확하게 파악할 수 있다.

어느 부분에서 발음이 틀리는지, 정확하지 않은 발음이 무엇인지, 속도가 빠른지 느린지, 고음인지, 저음인지 등을 파악한 후에 발음 교정 방법에 따라서 하나씩 연습하여 개성 있는 목소리를 만들 수 있다.

아버지가방에들어가시다.
아버지가 방에 들어가시다.
아버지 가방에 들어가시다.

단어를 이어 발음하고 단어를 띄어 발음한다. 어느 단어를 강조할 것인가를 생각하여 강조하고자 하는 단어를 정확하고 강하게 발음하는 연습을 한다. 띄어쓰기를 하듯이 단어를 띄어 발음하는 연습이 정확하게 발음하는 방법이다.

아버지를 강조할 것인가,
아버지 방을 강조할 것인가,
아버지 가방을 강조할 것인가.

강조할 단어를 선택하여 강조할 단어는 다른 단어보다 큰소리로 발음한다. 반대로 강조할 단어를 낮은 소리로 구분하는 방법도 있다.

물 흐르듯이 읽는 연습을 하라.

말을 더듬는 사람은 쉬어야 할 부분에서 쉬지 않는 것이 하나의 원인이다. 문장 연습은 문장에서 쉬는 부분과 이어지는 부분을 연습하는 과정이다.

급하게 글을 읽는 사람은 정확한 발음이 부족하다. 글은 빠르게 읽는 것보다 정확하게 리듬을 가지고 물 흐르듯이 읽는다. 물 흐르듯이 읽는 방법은 자연스럽게 호흡을 조절하여 읽는 방법이다.

음색은 개성이다.

음의 높낮이가 같아도 사람이나 악기에 따라 달리 나타나는 소리의 특질이나 맵시가 음색이다. 이는 파형이나 진동수에 의하여 다른 음색으로 만들어진다.

악기의 다른 소리는 악기 음색이 되고 사람의 음색은 개성으로 구분된다. 악기의 다른 음색이 하모니가 되듯이 개성을 다듬어 개성 있는 목소리로 만든다.

훌륭한 악기는 다듬어서 만든다. 소리를 다듬는다는 것은 악기에서 나올 수 있는 다양한 소리를 만드는 과정이다. 고음에서 저음, 중음의 소리를 지속적으로 내어 악기의 울림통을 조절하는 과정으로 악기를 새로 구입하면 반드시 거치는 과정이다.

악기는 소리 연출을 위해 만들어져 있지만 악기를 연주하는 사람의 손에서 다시 악기 소리를 만들어 간다. 현악기는 손동작에 의해 울림통을 울리는 과정을 반복하고 관현악기는 입과 울림통을 조절하는 과정을 반복한다. 새로운 리드를 구입하면 수없는 훈련을 통해 관악기와 리드가 결합되도록 부는 과정을 반복해야 원하는 소리를 낼 수 있다.

연주를 위해 만든 악기도 수많은 반복 훈련으로 다듬듯이 목소리도 다듬는 과정이 중요하다. 각기 다른 음색을 가진 악기가 어울려서 아름다운 하모니를 만들듯이 개성 있는 목소리로 다듬어 아름다운 악기로 태어난다.

> 똑같은 음색에서는 아름다운 하모니를 만들 수 없다.
> 자신만의 고유한 음색은 남과 다른 차별성으로 경쟁력이 된다.

소리와 진동

목소리는 진동으로 음색이 전달된다.
진동수가 높으면 높은 소리, 진동수가 낮으면 낮은 소리가 난다.

같은 북이지만 북 위치에 따라서 진동수가 다르기 때문에 소리의 음색이 달라진다. 목소리도 자신의 목청을 어떻게 사용하는가에 의하여 음색이 결정된다.

개성 있는 목소리를 만드는 방법이 북 위치에 따라 다른 소리를 만들 듯이 자신의 목청을 사용하는 방법을 연습하여 개성 있는 목소리를 만든다.

귀에 들려오는 소리는 공기를 통해 오는 파동이다. 따라서 공기를 차지하고 있는 공간에 따라서 소리는 다르게 들린다.

연설을 할 때는 장소의 조건을 활용하는 방법이 중요하다.

연설을 할 때 어떤 마이크를 사용하는가, 연설 장소가 실내인가, 공간의 크기가 어느 정도인가에 따라서 소리는 다르게 전달된다. 장소의 조건에 따라 공명을 이용한 연설을 준비하면 상대의 마음을 자극하는 효과가 높다.

자신의 목소리가 어떤 음색을 가지고 있는가를 파악하여 소리와 진동을 적절하게 이용하는 연습이 필요하다.

소리는 진동에 의하여 달라지기 때문에 소리 진동에 의한 공명을 적절하게 이용하는 연습이 연설 효과를 높인다.

목소리 떨림을 고쳐라

목소리가 떨리는 이유는 두 가지이다.

첫째는 목구멍 구조에 의한 떨림이고, 둘째는 말에 대한 자신감 부족으로 발생하는 불안감이다.

표현하고자 하는 내용을 잘 모르거나 거짓말을 할 때 말을 더듬거나 떨리는 현상이 나타난다. 떨림을 예방하기 위해서는 큰소리로 말하는 연습이 필요하다.

  앞서 헬멧이나 들통 등을 이용하여 자신의 음색을 파악하듯이 밀폐된 공간에서 소리 내는 연습을 하고 산이나 들과 같이 터진 공간에서 소리를 내어 자신의 소리를 비교하는 훈련이 떨림을 고치는 데 효과가 있다.

  떨리는 소리에도 자신감 있는 목소리는 대중을 집중시킨다.

  "뭉치면 살고 흩어지면 죽습메다."

  이승만 대통령은 노령으로 목소리가 떨렸다. 이승만 대통령의 떨리는 음색을 듣고 불안함을 느낀 사람은 없었다. 오히려 떨리는 음색에서 강한 인상을 주었다.

  떨리는 소리를 리듬으로 표현하면 아름다운 소리가 된다. 떨리는 음색을 아름다운 소리로 표현하는 방법이 스피치 기술이다. 기술은 최악의 조건을 최고로 만드는 것이다.

  자신 없다는 생각이 말을 떨리게 만드는 이유는 근육을 긴장시키기 때문이다. 말을 잘하려면 말하는 것을 즐기면 된다.

말 떨림은 자신감으로 해결된다.
몇 마디의 말이라도 확신을 가지고 말하는 습관이 중요하다.

말하는 것을 즐겨라.

  누군가 내 말에 빠져서 행복을 느끼고 미래를 꿈꾼다면……
  내가 말만 하면 사람들이 환호성을 지르고 열광을 한다면……
  내 강의로 희망을 얻고 미래에 도전하는 사람이 된다면……

  강사는 교육생들이 교육 받은 것으로 자기계발을 하고 인생의 목표 설정에 도움이 되고 문제를 해결하는 해결사가 되는 것을 희망하면서 강의 자료를 준비하고 어떻게 말할 것인가를 생각한다.

교육생들을 집중시키는 강사는 강의 내용도 중요하지만 즐겁게 교육 받도록 유도하는 강의 방식을 가지고 있다.

"오늘은 누가 내 말의 행복을 가져갈까?"
"누구에게 이 기쁜 이야기를 전할까!"

즐기는 말은 상대에게 기쁨과 희망, 도전과 개척을 이끌어 가는 방법을 제시해 주는 것으로, 주는 것보다 얻는 것이 많다. 한 사람의 말이 수많은 사람을 감동시키고 경직된 마음을 열게 만드는 힘을 가지고 있다.

즐기는 말은 스스로 느끼며 생각과 정보를 함께 나누기 위한 나눔의 말이다. 말은 나눌수록 커지고 다양한 말로 이어진다. 말은 상대를 움직이는 방법 중 하나이다. 상대를 감동시키고 감격시키는 말은 조건 없이 즐기는 말이다.

어떤 말로 상대를 기쁘게 만들 것인가 ?
말하는 것을 즐기는 자만이 상대를 즐겁게 만들 수 있다.

짧은 말이 감동시킨다. 상대를 어떻게 감동시킬 수 있을까?
당신이 상대를 감동시키겠다는 생각을 하는 순간 능력이 나온다.

"웃는 모습이 아름답습니다."
"어쩌면 그렇게 미소가 밝습니까?"
"당신의 순발력은 놀랍습니다."
"나는 당신을 만났다는 것만으로 행복합니다."
"소문이 역시 사실이었군요!"
"언제나 변함없는 모습이 부럽습니다."

"당신의 목소리는 자장가입니다."
"밝은 목소리가 옥구슬 같습니다."
"행복이 무엇인지를 알게 되었습니다."
"변함없는 모습에 믿음을 얻습니다."
"유머 감각이 뛰어나십니다."
"역시 선생님의 경험은 모범이 되십니다."
"먼저 인사를 하시는 모습에서 머리가 숙여집니다."
"자녀분이 빌 게이츠처럼 보입니다."
"그 옷이 정말 잘 어울리네요."
"특별한 코디네이터를 두신 것 같습니다."
"솜씨가 일류 요리사보다 훌륭하십니다."
"손이 무척 고우십니다."

말을 잘하는 사람은 상대를 칭찬하는 방법을 아는 사람이다.
감동시키는 방법은 칭찬을 어떻게 할 것인가를 찾는 것이다.

남의 말을 듣기를 즐겨라.

말하는 것을 즐기기 위해서는 상대의 말을 듣는 것부터 즐길 줄 알아야 한다. 듣기를 즐기는 자가 말하는 것을 즐긴다.
일반적으로 사람들은 남의 이야기를 듣기보다는 자신이 말하는 것을 더 좋아한다. 많은 이야기를 하려면 다른 사람의 이야기를 많이 듣는 과정이 필요하다. 상대의 이야기 속에서 어떻게 하면 좀 더 재미있게 이야기를 해야 상대가 좋아할 것인가의 방법을 찾을 수 있기 때문이다. 예부터 이야기꾼들은 만담을 비롯하여 이야기 마당을 즐겼다.
상대 이야기를 듣는 것은 이야기 소재를 얻는 기회가 된다.
개그맨은 하나의 소재를 개발하면 동료들과 함께 '어떻게 보여 줄 것인가' 수없이 반복연습한다. 말하는 것을 즐기려면 반복하여 연습하는 과정이 필요하다.

  게임을 즐기는 사람은 항상 반복하는 게임이지만 지속적으로 반복연습하면서 새로운 게임 방법을 찾는다. 고수의 비결은 끝없는 노력이다. 최고의 기술을 유지하는 방법도 반복하여 기술을 활용하고 새로운 기술을 위해 연마하는 방법뿐이다.

  항상 말하는 것이지만 어떻게 말할 것인가를 끝임없이 반복하여 말하면서 새로운 단어와 문장, 말하는 자세와 표정, 발음 등을 개발하는 사람이 말을 즐기는 사람이다.

  아나운서들이 반복하여 같은 단어와 문장을 낭독하는 것은 자만하는 순간 말을 실수하기 때문이다. 상대가 말하는 것을 즐기면서 자신의 모습을 상상하면 좀 더 재미있게 말하는 즐거움을 느끼게 된다. 말을 잘하는 사람일수록 상대가 말하는 것을 듣고 자신이 말하는 모습과 비교하면서 즐기는 방법을 연구한다.

목소리도 연출이다.

  레이건 대통령은 영화배우답게 매스컴을 많이 이용하여 연기하듯이 국민과 소통했다. 이명박 전 대통령도 국민과의 소통을 중요하게 생각했다. 그럼에도 불구하고 레이건과 같은 효과는 얻지 못한다.

  첫째로 꽉 막힌 답답한 소리가 신뢰를 전달하는 데 부족하다.

  둘째로 강한 메시지를 전달하는 악센트가 부족하다.

  셋째로 소통에 결단력이 없다.

  "그렇게 생각합니다!"라는 식의 '대화법' 때문이다.

  레이건은 배우가 연기하듯이 목소리를 연출하기 때문에 친근감과 동시에 믿음을 주는 연설을 한다.

  박정희 전 대통령은 강하고 뚜렷한 전달 방식으로 대중을 이끌었다. 부드러운 목소리는 신뢰감을 주는 데 부족하다. 강한 어법이 필요하다.

문제는 목소리가 강하면서 동시에 표정이 강한 사람은 독한 이미지로, 전달하는 메시지의 가치를 떨어뜨린다.

낮은 소리와 높은 소리가 상대에게 주는 느낌은 다르다.

강조하는 메시지는 높고 강하게 표현하고 평범한 메시지는 낮은 소리로 표현할 때 상대를 집중시킨다.

오바마의 효과는 반복 연출에서 나온다. 강조할 부분에서는 반복하여 리듬을 조절하고 강조함으로써 상대의 감정을 자극시키는 화법이다.

목소리를 가다듬는다고 한다. 평소의 목소리보다 안정된 소리를 내기 위함이다. 큰 소리보다는 낮은 소리가 대화하는 자세이고 방법이기 때문이다. 낮은 소리가 자신이 강조할 내용을 구체적으로 제시하는 데 유리하다.

스피치 연출 방법

말은 연출이고 포장이다. 내용물은 별볼 것이 없어도 포장을 잘하면 상대는 감격한다. 빈 상자도 포장을 하면 내용이 풍성한 것으로 보인다.

적절한 연출 방법을 찾는다.

좀 더 쉽고 간단하게 상대 마음을 움직이는 방법으로 내용물이 중요할수록 어떤 포장지, 리본을 사용할 것인가?

어떤 색상으로 내용물을 보여 줄 것인가?

포장이 잘못되면 내용물의 가치도 떨어진다.

요리도 모양에 따라서 다른 맛을 낸다.

말은 맛있고 모양 있는 요리를 하는 것과 같고 품격 있고 귀중하게 보이는 포장 방법과 같이 어떤 단어와 문장으로 포장하여 어떻게 표현할 것인가를 연출하여 제시하는 것이다. 어떻게 제시하는가에 따라서 말의 효과가 다르게 나타난다.

말의 효과

"그 말에 감동했어."

30년을 살면서 사랑한다는 말을 처음 들은 아내가 감격의 눈물을 흘리는 것은 남편의 짧은 한 마디 때문이다. 많은 말을 해야 상대를 설득한다는 것은 잘못된 생각이다. 가능한 한 짧고 정확한 단어로 상대에게 전달할 때 감동을 자극한다.

말의 효과는 상대를 감격하게 만들 수도 있고 흥분하게 만들 수도 있으며 실망하고 좌절하게 만들 수도 있다. 자신이 무심코 던진 말에 상대는 인생을 포기하는 경우도 있다.

- 상대를 감동시키는 말

하나 – 긍정적 단어, 긍정적 문장이다.
둘 – 직설적이고 솔직하다.
셋 – 진실하게 말한다.

- 상대를 좌절시키는 말

하나 – 부정적 단어, 부정적 문장이다.
둘 – 비판적이고 비관적이다.
셋 – 꾸며서 말한다.

말은 생명을 잉태시키는 효과가 있다. 인생을 포기한 사람에게 새로운 꿈과 희망을 심어 줄 수도 있고 마지막이라는 순간을 새로운 시작으로 바꿀 수도 있다.

> 인간에게 신이 무한한 능력을 주었다면
> 그것은 무한한 가능성을 만드는 말의 힘이고 효능이다

언어의 마술

"이제 당신은 최대한 편안하게 숨을 쉬세요."
"이제 당신의 몸은 힘이 빠지고 편안해집니다."
"이제 당신은 깊은 잠에 빠집니다."
"당신의 몸은 무겁고 깊은 잠에 빠져 있습니다."

최면술사가 처음에 상대를 조절하는 방법은 호흡이다.

최면술사의 손가락 신호에 따라 한 사람이 쓰러졌다. 많은 사람 중에 빠르게 쓰러지는 사람이 있고 전혀 반응이 없는 사람도 있다. 최면술사의 말을 믿는 사람은 반응이 빠르지만 믿지 않는 사람은 아무런 반응이 나타나지 않는다. 언어의 마술이 최면술이다.

언어 마술을 습득하는 방법을 제시한다. 먼저 상대의 호흡과 동작을 조정하는 방법으로 상대의 마음을 움직인다.

"당신의 어린 시절로 떠나겠습니다."

왜 최면을 하는가에 대한 방향을 제시함으로써 상대의 마음과 머리에 어린 시절로 떠나가기 위한 준비를 암시한다. 이는 대중 연설에서도 내가 무엇을 말할 것인가를 암시하는 방법과 같다.

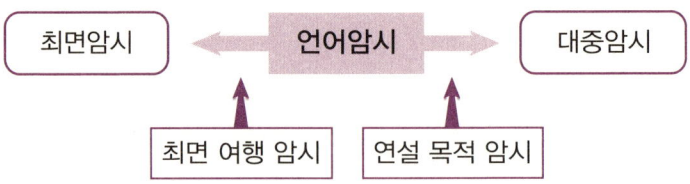

　언어 전달을 통해서 최면에 들어갈 준비를 하고 연설을 들을 준비를 하는 것은 같은 원리이다. 언어 암시는 먼저 무엇을 말할 것인가를 제시하는 직접적 암시와 비교나 우회적 방법으로 제시하는 간접적 암시로 구분된다. 이는 집중을 시키기 위한 방법이다.

최면 암시 순서

① 가장 편안하게 눕는다.
② 숨을 깊이 들이마시고, 천천히 내쉰다.
③ 더 깊이 숨을 들이마시고, 천천히 내쉰다.
④ 반복하여 깊이 들이마시고, 천천히 내쉰다.
⑤ 호흡을 가볍고 천천히 내쉬도록 한다.
⑥ 힘이 빠지고 편안하다고 생각한다.
⑦ 반복하여 힘이 빠지고 편안하다고 생각한다.
⑧ 힘이 빠지는 순서를 제시한다.
⑨ 눈꺼풀(힘이 빠지고 편안하다)
⑩ 양 볼 (힘이 빠지고 편안하다)
⑪ 입술 (힘이 빠지고 편안하다)
⑫ 목 (힘이 빠지고 편안하다)
⑬ 가슴(힘이 빠지고 편안하다)
⑭ 양팔(힘이 빠지고 편안하다)
⑮ 오장육부(힘이 빠지고 편안하다)
⑯ 양 다리 (힘이 빠지고 편안하다)

최면은 언어에 의해 신체를 조정하는 기술이다. 자신감을 만들고 상상력을 키우고 문제를 해결하는 방법을 최면으로 해결할 수 있는 이유는 언어가 인체의 모든 것을 조정하기 때문이다.

말 더듬, 말 떨림, 말 표현, 단어 연상, 단어 구사, 단어 표현 등을 언어 훈련으로 만들 수 있는 것은 언어가 신체의 모든 것을 조정하기 때문에 가능하다. 신체 기능을 언어로 조정하듯이 말하는 방법을 훈련해 말 잘하는 능력을 키운다.

2-4 리더의 유머 기술

리더에게 유머 감각이 필요한 이유는 무엇인가?

리더의 유머 감각은 조직원에게 친근감을 준다. 상하 조직의 계열 관계를 수평적 관계로 만들어 주는 비결이기도 하다.

부드러운 리더의 인상을 만드는 방법으로 유머는 필수적이다.

근엄하고 고상한 회장님이 유머 한 마디를 하면 조직원들은 회장에 대한 이미지를 금세 바꾼다.

유머는 조직원의 마음을 움직이는 방법이다

조직은 틀을 말한다. 잘 구성된 조직일수록 틀에 매어 있다. 틀이란 사각이 공간 없이 맞춰져 있는 것을 말한다. 빈틈이 없는 조직이란 빈 공간이 없다는 것을 의미한다. 심리적으로 분석한다면 한순간도 긴장을 놓지 않고 있다는 것이다.

긴장은 정신을 집중시키는 효과는 있으나 신체적으로는 근육이 뭉쳐 있음이다. 근육이 오랫동안 뭉쳐 있으면 제 기능을 발휘하지 못하고 잘못하면 발작을 일으키게 된다. 특히 뇌는 오랫동안 긴장하면 피로함을 느껴 뇌 기능을 상실할 수도 있다.

유머는 이러한 긴장을 풀어 주는 효과가 있다.

유머는 부담 없는 대화이고 흘러가듯이 듣는 이야기이다. 흔히, 농담

인데 심각하게 생각할 필요가 없다고 말한다. 즉 아무 의미 없이 들을 수 있게 하는 말이다. 리더는 농담을 진담처럼 말하는 경우도 있다. 농담 속에 진담을 흘러가듯 말하면서 하고 싶은 말을 하는 경우이다.

유머의 여유

여유 없는 사람은 유머를 하지 않는다. 무엇인가 쫓기고 있는 사람이 유머를 했다면 그는 쫓기는 시늉을 하는 사람이다. 범죄를 저지른 사람이 유머를 했다면 그 범죄자를 잡기가 힘들다고 한다. 여유롭게 범죄를 저지를 정도면 빈틈없이 행동했을 것이기 때문이다.

여유 있는 행동은 침착함을 의미한다. 사전에 계획한다는 것은 여유를 만들기 위한 준비 과정이다. 이처럼 여유는 유머 감각에서 나온다.

공간에 적막함이 흐른다. 숨소리조차 들리지 않는 순간에 방귀를 뀌었다. 은근히 냄새가 사방으로 퍼지자 킥킥대는 소리가 나기 시작한다.

"누가 터트렸어?"

참다못해 한 사람이 소리를 치자 모두가 언제 고요했냐는 듯이 웅성거리기 시작한다. 적막한 순간을 웃음 마당으로 만든 것이 방귀 소리이다. 숨 막히는 공간을 자유롭게 만드는 방귀와 같은 것이 유머이다. 숨 쉬는 여유를 만드는 것이다.

긴장의 순간을 깨뜨리는 여유가 방귀와 같은 유머이다

리더는 긴장의 연속에서 생각도 좁아지는 경향이 있다. 숨 막히면 답답하듯이 긴장이 지속되면 두뇌도 좁아지고 생각도 단순해 진다. 유머 감각은 다양한 생각을 만드는 비결이며 생각의 여유를 만들어 주는 촉

매제이다.

반복된 생각, 집중적인 생각을 뒤집게 만들고 흩어지게 만드는 발상의 전환점이 유머 감각에서 창출된다. 유머는 기존의 틀을 깬다는 의미도 있다. 한쪽 방향으로만 보던 시선을 다양한 방향으로 바꾸는 방향 전환의 계기를 만들기도 한다.

유머 감각은 만들어지는가?

흔히 "유머 감각이 있다."라고 말하는 것은 순발력이나 위기 상황을 극복하는 위기 대처 능력 등을 지칭한다. 유머 감각은 선천적 유머 감각과 후천적 유머 감각으로 구분된다.

선천적 유머 감각 키우기

유머 감각은 타고난다고 주장하는 사람이 있다. 똑같은 유머를 했는데 A가 말하면 모두가 배꼽을 잡고 웃는데 B가 말하면 심각한 표정으로 바라보는 것이다. A는 어떤 이야기를 해도 모두가 웃는다. 말을 하지 않았는데도 표정만 보고 웃기 시작한다. 웃음의 바이러스가 자동적으로 번지는 것이다.

B는 아무리 웃기려고 해도 아무도 웃지 않는다.

오히려 "그게 뭐야!"하며 질책을 한다. B는 아무리 생각해도 이해가 되지 않는다. 무엇 때문일까? 나는 유머 감각이 없는 것인가? 어떻게 하면 상대를 웃길 수 있을까? 고민도 하지만 해결 방법이 없다. 무엇 때문일까? 방법에 문제가 있는 것이다.

유머 감각이 있는 사람은 어느 순간에 어떤 유머를 어떻게 할 것인가에 대한 방법을 아는 사람이다. 상대의 반응에 따라서 유머를 사용할 줄 아는 사람이다. 초상집에서 유머를 할 수는 없는 것이다. 잔칫집 분위기를 이끄는 유머를 하는 사람이어야 한다. 이것이 유머 감각이다.

　유머 감각은 상황 판단이다. 상황에 적합한 유머를 적절하게 사용하는 상황 판단 능력이 유머 감각으로 창출된다. 선천적으로 상황 판단이 빠른 사람은 유머 감각을 지니고 있지만 키워야 성장한다.

　상황은 상대 수준의 파악이다. 나이, 직업, 성별, 성격 등을 고려하여 상대 수준에 적합한 유머를 적용해야 반응이 나타난다.

　어떤 사람이 남을 웃긴다고 자신이 혼자 배꼽을 잡고 웃었다. 지나가는 사람들마다 "저거 미친놈이잖아!"라며 지나갔다. 그는 더욱 화가 나서 더 큰소리로 미친 듯이 웃었다. 잠시 후 앰뷸런스가 왔다.
　"여보세요. 진정하시고 잠시 여기 누우세요."
　지나가던 사람 중에 누군가 사람이 미쳐 가고 있다고 신고를 한 것이다.

　작업을 하다가 기계에 손이 잘리는 사건이 발생했다. 리더는 현장 상황을 모르고 들어오자마자 큰소리로 외쳤다.
　"여기 병신 아닌 사람 있으면 나와 봐!"
　리더는 병신 시리즈에 대한 이야기를 듣고 직원들을 웃겨 주려는 생각에 현장을 파악하지도 않고 유머를 한다고 한 것이다. 직원들은 리더를 정신병자로 취급했다.

　막 수술을 마치고 들어온 환자를 보며 문병 온 친구가 말했다.
　"야, 너 얼굴이 개구멍 빠져 나올 때 모습하고 똑같다."
　어릴 때 같이 놀던 기억을 떠올리며 위안한다고 말했는데 수술 받은 친구가 배꼽을 잡고 웃었다.
　"맞아 그때 네가 똥바가지 뒤집어썼잖아, 히히히."

두 사람은 병실이 떠나갈 듯이 웃었다. 이 모습을 보고 지나가던 간호사가 기겁을 하고 달려왔다.
"선생님! 배에서 피가 나요."
병문안을 와서 지나치게 웃기는 바람에 방금 수술한 부분이 터져 버린 것이다.

유머는 아무 때나 하는 것이 아니다. 상황에 따라 적합한 유머를 해야 한다. 상대를 기쁘게 만들어 주는 것보다 중요한 것은 상대에게 어떤 즐거움을 줄 것인가를 파악하는 것이다.

후천적 유머 감각 만들기

유머 감각은 후천적 노력으로 만들 수 있다.
유머는 언어만으로 표현되는 것이 아니라 유머러스한 표정과 연기로 전달되기 때문에 후천적으로 유머 감각을 습득하려면 유머러스한 언어와 연결되는 표정 연기가 필요하다.
후천적으로 유머 감각을 키우는 방법은 의외로 쉽다.

자신을 버리고 망가지듯이 미쳐야 된다.

자존심, 자만심 등을 생각하면 유머를 할 수 없다. 상대 반응이 없는 이유는 자존심, 자만심을 가지고 유머를 하기 때문이다. 체통, 체면, 전통, 위상 등은 유머 감각을 키우는 데 장애 요인이다.
마음을 비워야 새로운 것을 볼 수 있다는 말을 하는 이유가 고정관념의 탈피 때문이다. 평소에 가지고 있는 품위, 권위에서 유머를 한다면 상대는 유머로 느끼지 못한다.
자신이 망가져야 한다는 것은 모든 것을 버리고 1:1의 같은 조건에서 생각하고 말하며 행동한다는 것을 의미한다.

"리더인데 체면이 있지."라는 생각이라면 유머를 하지 않는 게 낫다. 체면을 버리고 같은 수준으로 웃고 즐기는 자세에서 유머 감각이 발달한다.

후천적으로 유머 감각을 키우는 데 가장 어려운 과정이 자신이 망가져 가는 모습을 상상하는 것이다. "어떻게?", "그럴 수는 없지!"라는 생각이라면 망가진다는 것이 상상이 되지 않는다. 먼저 망가지는 자신의 모습을 상상하면서 실제로 망가지는 과정을 연습한다.

대중은 망가지는 모습을 보며 대리 만족을 한다. 유머는 대리 만족을 자극하는 방법이기도 하다. 상대에게 기쁨을 준다는 것은 자신의 기쁨을 나누는 것이다. "이럴 수는 없지!"라는 생각은 나눈다는 것에 아쉬움을 가지고 있기 때문이다.

정숙한 복장, 깨끗한 얼굴의 화려한 용모만을 고집한다면 정숙함과 깨끗함에서 자유로운 복장이나 흐트러진 모습을 상상한다는 것 자체가 심리적으로 허용이 되지 않는다. 따라서 유머를 한다는 것은 상상이 되지 않는 것이다.

무엇인가, 부족한 듯한 2% 부분을 채워 주는 것이 유머이다.

같은 말도 약간은 어수룩한 어투가 유머 감각이라 볼 수 있다. 발음이 틀리는 것과 어수룩한 어투는 근본적으로 다르다. 어수룩하다는 것은 근본을 바탕으로 포장하는 기술이다.

자신의 모습을 깨뜨리고 마음을 비우며 망가지는 행동을 하려면 정상적 사고방식에서는 어렵다. 자신을 버리고 미친다면 모든 것이 쉽게 해결된다. '미친다'는 의미는 기본을 바탕으로 미치듯 연기하는 것을 의미한다.

상대의 경계심을 깨뜨리고 마음을 움직이게 만드는 비결은 자신의 모든 것을 버리고 망가진 공간을 보여 주면서 미친 듯이 행동하는 모습을 상대가 인정하게 만드는 방법이다.

깨끗한 백지에 점을 찍는 것은 두려워하지만
흑색 바탕에 점 찍는 것을 두려워하는 사람은 없다.
유머는 흑색 노트이다.

리더의 유머 효과

유머는 상대 마음을 움직이는 방법이다. 유머는 하는 사람도 즐겁고 듣는 사람도 즐거움을 느낀다. 유머는 대인 관계의 벽을 원만하게 풀어 주고 이끌어 가는 대화 기법이다.

리더 유머 10대 효과

① 소통의 효과 … 사람 관계를 이어 준다.
② 리듬의 효과 … 대화를 원활하게 만든다.
③ 언어의 효과 … 언어 구사 능력을 키운다.
④ 하모니 효과 … 서로 어울리게 만든다.
⑤ 상황 극복 효과 … 위기 상황을 극복시킨다.
⑥ 건강 회복 효과 … 웃음으로 건강을 회복시킨다.
⑦ 심리 치료 효과 … 불안, 초조, 우울증을 해소시킨다.
⑧ 메시지 전달 효과 … 제시, 표현할 내용을 전달한다.
⑨ 스트레스 해소 효과 … 긴장과 스트레스를 풀어 준다.
⑩ 정신적 변화 효과 … 긍정적 사고와 적극 행동을 자극한다.

리더가 유머를 한다는 것은 조직 관리를 위한 중요한 기술이다. 조직원과의 원만한 관계 유지와 조직 운영의 효율성을 창출하는 방법으로 리더의 유머 감각이 필요하다.

대인 관계에서 소통은 서로의 생각을 교류하는 방법이고 사전에 문제를 예방하는 방법이 되기도 한다. 리더의 효율적인 조직 관리에 유머가 얼마나 중요한가. 원활한 대화를 통해 조직원 간의 융합을 이끌어 가는 데 유머 효과가 미치는 영향을 살펴본다.

소통의 효과

소통은 수평적 소통과 수직적 소통으로 구분된다. 조직원 간의 대화는 수평적 소통이고 상하관계는 수직적 소통이다. 문제는 수직이나 수평이나 원활한 대화 소통이 필요한 점이다.

사원 간 수평적 소통은 평소에 자연스럽게 유머러스한 대화를 주고받는다. 이야깃거리를 유머러스하게 서로 주고받는 과정이 수평적 소통을 이끌어 가는 방법이 되고 있다.

상하 관계에서 유머는 쉽게 활용되지 않는다. 하부 조직으로부터 존경의 대상이라는 리더의 사고가 스스로를 경직되게 만든다. 경직된 리더를 보고 직원은 쉽게 접근하지 않는다. 이럴 때는 먼저 유머러스한 대화를 헤야 조직원들이 다가온다.

소통의 효과는 사전적 효과와 사후적 효과로 구분된다.

사전적 효과는 사건이 발생하기 전에 충분한 대화를 통하여 문제를 사전에 예방하는 효과가 있다. 각기 다른 생각에 대하여 충분한 대화와 토론을 거쳐 문제점을 사전에 조정함으로씨 돌발적으로 발생하는 문제를 차단하는 효과이다.

사후적 효과는 대화와 토론 부재로 발생한 문제점에 대하여 무제한 대화와 토론으로 문제 해결 방법을 찾아내는 효과이다. 원칙과 법규적인 문자에 제한되어 해결하지 못하는 대화를 해소시키는 방법은 유머러스한 재치와 위트 등이다.

갈등과 불신은 고정관념에 의하여 발생한다. 오해도 소통 부재로 인해 발생한다. 대화 부재나 소통 부재를 해소하는 방법은 격의 없는 대화이고 유머 감각이다.

충분한 대화를 이끌어 가는 소통에 필요한 것은 서로의 이해관계를 떠나서 평범한 일상적 대화를 이끌어 가는 유머 감각이다.

리듬의 효과

"부장님은 재미있는 분이야."

상하 관계에서 부장을 재미있다고 표현하는 것은 부장의 대화가 부드럽기 때문이다. 지시와 명령의 개념에서 탈피하여 의뢰와 부탁의 개념으로 부드럽게 지시하기 때문이다.

부드러운 말이 상대 마음을 움직이게 만든다.

부드럽다는 것은 말에 리듬이 있다는 것으로 말의 억양을 의미한다. 억양은 강함과 약함의 조합이다.

"박 대리, 이리 와!"
이렇게 부르는 것보다는 좀 더 편안한 마음으로
"박 대리, 지금 바쁘지? 나 좀 볼 수 있겠어?"
일방적 지시보다는 상대에 대한 배려가 리듬이다.

유머 기술은 말의 리듬이다. 같은 말을 부드럽게, 또 때로는 높게 때로는 낮게 조절하면서 상대에 따라 표현하는 기술이다.

"어제 뭘 했기에 하루 종일 졸고 있나!"

월요일 아침 책상에서 졸고 있는 직원에게 상사는 직설적으로 지적한다. 직원은 순간적으로 자리에서 일어나며 태도를 고치지만 잠시 후 다시 졸고 있다.

"김대리 어제 좋은 곳에 갔었나? 무리했나보군. 가서 세수라도 하고 오는 게 어때?"

김대리는 바로 일어나 세수를 하고 맑은 정신으로 자리에 앉아 업무를 보게 된다.

유머의 리듬은 같은 지시와 명령을 하면서도 부드럽게 문제점을 지적하면서 비유적으로 말하는 기술이다. 즉흥적 감정보다는 본질적 문제를 지적함으로 업무 태도를 실질적으로 바꾸게 만든다.

언어의 효과

A형 - "이것밖에 못해!"
B형 - "이 정도보다 좋게 할 수 있나?"

일에 대한 평가 방법이지만 A는 문책이고 B는 방향 제시가 된다.

A는 결과를 평가하는 것이고 B는 과정을 비교하는 것으로 결과를 만들어 내도록 권유하는 것이다.

문책은 일시적으로 효과를 얻을 수 있으나 지속적인 효과는 얻지 못한다. 방향 제시는 지속적인 효과를 창출하는 방법이다.

리더가 원하는 사원은 스스로 문제를 찾아 예방하고 해결하는 창의적인 사원이다. '이 정도보다'라는 것은 진행한 과정에 대한 의견 제시이다. '지금보다 잘할 수 있는 방법이 없겠는가'라는 질문이다. 지금보다 무조건 잘하라는 지시보다 잘할 수 있는 방법이 있겠는가에 대한 질문은 쌍방적 대화 방법이다.

언어는 일방적 언어와 쌍방적 대화로 구분된다.

일방적 언어는 지시와 명령이고 쌍방적 언어는 대화이며, 의견 제시로 서로의 생각을 교류하기 위한 소통 방법이다. 질문에 답하는 것은 사원이다. 리더의 질문에 "이렇게도 할 수 있습니다."라고 스스로 방향을 제시하도록 유도함으로써 창의적 사고를 키워 주게 된다. 리더가 사원에게 방향을 제시하는 역할을 할 때 조직은 능동적으로 활성화된다.
 언어는 상대를 경직시킬 수도 있고 스스로 움직이게 유도할 수도 있다. 이것이 언어의 효과이다.

언어의 효과를 창출하는 리더가 창의적 리더이다.

하모니 효과

리더는 조직의 시너지를 창출시키는 능력이 필요하다.
 시너지 효과는 오케스트라의 하모니와 같다. 일을 잘하는 사람, 못하는 사람, 수동적인 사람, 능동적인 사람, 도전적인 사람, 안일한 사람, 끝없이 제안하는 사람, 제안하는 시늉만 내는 사람 등으로 구성된 것이 조직이다. 리더는 다양한 사람들을 모아서 하나의 힘으로 만들어 내는 조직 관리의 리더십이 필요하다.
 리더십은 공감과 신뢰에서 시작된다.
 서로가 불신한다면 리더십은 사라진다. 서로 간의 신뢰를 만드는 방법이 서로 간의 이해와 협동이다. 리더의 리더십은 조직에 대한 배려와 접근에서 만들어진다. 배려는 상대 입장에서 생각하고 행동하는 것이다. 상하 간의 서열 의식을 가진 사원을 배려한다는 것은 대화의 소통으로 이해 공간을 만드는 과정이 중요하다.
 리더의 유머 감각은 이해 공간을 조성하는 데 조정자 역할을 한다.
 A파트에서는 B파트에 대한 칭찬을 B파트에서 A파트에 대한 칭찬을 교류시키는 감각이 유머 감각에서 나온다.
 A, B파트의 문제점을 알면서 서로를 경쟁시키는 것보다 서로가 교류하도록 배려하는 마음은 언어와 행동에서 전달된다. 문제를 지적한다면 유머러스하게 비유적으로 지적함으로써 스스로가 문제점을 인식하

여 고치도록 유도하는 것이 유머 감각의 언어 기술이다.

A파트에게는 B파트의 고충을 이해시키고 B파트에게는 A파트의 고충을 이해시키는 것은 리더의 언어 기술이다. 갈등을 만드는 것도 언어이고 갈등을 해소시키는 것도 언어이다. 리더는 중간자의 입장에서 팀이 하모니를 이뤄 가는 방향을 이끌어 가는 기술이 필요하다. 서로의 입장으로 조화시키는 기술이 언어의 하모니이다.

상황 극복 효과

- 리더는 위기 관리에 능해야 한다

위기는 언제든지 발생한다. 위기가 발생하면 피하는 사람과 적극적으로 해결하는 사람으로 구분된다. 위기를 피하는 사람은 수없이 원인과 이유를 만들어 낸다.

적극적으로 해결하는 사람은 수단과 방법을 해결책으로 사용한다. 부정적이고 소극적인 형은 위기 상황을 만들어 내지만 긍정적이고 적극적인 형은 상황을 해결한다.

원인이나 이유를 모르면 위기는 더욱 복잡해지기 때문에 해결할 수 없는 상황이 된다. 상황을 악화시키는 것이다.

위기가 발생하면 원인을 분석하여 해결을 위한 방법을 사용해야 한다. 불을 끄는 역할은 물을 사용하는 것이다. 사용한다는 개념은 주변의 조건을 이용하고 활용하는 생각이다.

상황 부정형과 긍정형의 차이는 적응하고 극복하는 차이이다.

유머는 위기를 피하기 위한 언어가 아니라 위기를 기회로 적용하고 활용하는 언어이다. 상황에 따라서 어떤 유머를 적용하고 활용할 것인가를 찾아서 분위기를 바꾸기 위한 노력이다.

상황을 극복하기 위해서는 급박한 분위기를 바꾸는 기술이 필요하다. 다급하거나 초조한 사람은 여유가 없어서 생각이 좁아지고 판단력이 흐트러진다. '급할수록 돌아가라'라는 속담은 여유를 가지고 생각하라는 의미가 있다.

유머는 위기 순간에 여유를 느끼게 만드는 촉매제이다. 한 번 웃고 나면 다소의 여유가 생기고 생각을 정리할 수 있는 기회가 만들어진다. 리더에게 유머 감각은 위기를 극복하는 기술이다. 원만한 조직 관리에서 유머는 방법이 된다.

건강 회복 효과

웃음이 치료에 효과적이라는 학설은 병원에서 실제로 발생하고 있다. 막 수술한 환자가 아니라면 웃음은 마음의 변화를 일으키는 무한 능력을 가지고 있다. 웃음이 치료를 만드는 것보다는 웃는 순간에 마음의 여유가 발생하고 고통을 잠시 망각하게 만들기 때문에 정상 세포가 원활하게 활동하여 치료가 되는 현상이다.

치료는 불안전한 신체 조건을 안정적 상태로 회복시키는 과정이다. 비정상 세포를 정상 세포로 만들어 가는 과정에서 유머는 보다 부드럽고 활동적으로 세포의 회복 기능을 자극시켜 환자의 회복 속도를 빠르게 한다.

매일 웃으면 건강에 좋은 8가지 이유 – 미국 허핑턴 포스트지

1. 웃음은 우리 몸에서 세균과 종양과 싸우는 T세포의 활동을 활성화시켜 면역력을 높인다.
2. 웃음은 혈압과 스트레스 호르몬인 코티솔 수치를 낮춘다. 고통을 완화하고 혈당을 안정시키기도 한다.
3. 웃음은 스트레스가 쌓여 영향을 받는 인체에 완충작용을 하여 뇌의 화학적 변화를 자극한다.
4. 10분~15분의 낄낄거림으로 여분의 40칼로리 정도를 태운다.
5. 웃음은 엔도르핀이 나오게 한다.
6. 웃음은 인체 염증을 줄여 준다. 심장, 두뇌, 순환계 건강에 좋다.
7. 웃음은 내부 장기를 마사지한다. '내부 조깅'이라고 말하듯이 운동과 비슷한 효과를 가진다.
8. 웃음은 심장, 폐, 횡경막, 복부 등에 가벼운 운동 효과를 준다.

심리 치료 효과

- 일소일소 일노일노(一笑一少 一怒一老)

웃으면 젊어지고 성내면 늙는다는 전통적 학설에 대한 과학적 타당성이 증명됐다. USA투데이는 노르웨이 과학기술대 스벤 박사팀이 노르웨이인 5만 4,000명을 대상으로 조사 분석한 결과 일상에서 유머를 중시하는 사람일수록 7년 생존율이 35% 높고 환자를 대상으로 한 그룹에서는 탁월한 유머 감각이 사망률을 70%나 감소시킨 것으로 나타났다고 했다.

생각하거나 사용하는 언어에 따라 행동도 반응한다. 본다, 먹는다, 자다 등의 모든 행동이 생각하고 사용하는 언어에 따라 반응하는 것이

다. 따라서 유머는 신체 기능을 부드럽게 만들어 주는 언어이다. 유머를 생각하는 순간 심리적 안정감이 나온다.

유머의 여유가 심리적 안정 현상을 자극시키는 것이다.

웃거나 울면 심리적 안정이 되는 이유는 무엇일까?

가슴속 스트레스가 웃는 소리로 해소되기 때문이다.

벤슨 박사는 "유머로 심리적 장애를 깰 수 있으며 의사나 환자 모두에게 동일하게 작용한다. 유머는 스트레스를 완화시키고 주위를 환하게 만든다."고 말했다.

맹물 주사로 치료 효과를 보듯이 유머는 심리적 안정과 여유를 만들어 주기 때문에 웃음과 유머는 치료 효과가 있다.

메시지 전달 효과

유머와 웃음은 동물이나 식물 재배에서도 소통한다.

미소가 의미하는 것은 무엇인가?

말을 하지 않아도 미소는 메시지를 전달하는 수단이다.

- 미소로 동물 위협을 진정시킨 사례가 있다

미국 서부지역과 터키 골목을 여행하면서 송아지만큼 큰개가 송곳니를 드러내고 있어 생명 위협까지 느꼈던 여행자 일화를 소개한다.

야성을 가진 개와 마주쳤을 때의 대처 방안은 무엇일까?

노련한 여행자는 굵은 몽둥이나 곰 퇴치용 스프레이보다 효과적인 무기를 사용한다. 바로 웃음이다. 개가 달려들면 얼른 자전거에서 내려 자전거로 앞을 가로막고 활짝 웃어 준다. 웃음이 개의 적대감을 누그러뜨리는 마법 효과를 발휘한다.

험악한 개에게 상냥하게 웃어주며 "이곳이 무척 아름다워서 구경하려 한다."라고 말하자 개가 마치 안내하듯이 앞장서서 마을 구석구석을 보여 주었다는 경험을 소개했다.

- '웃는 얼굴에 침 못 뱉는다.'

유머 감각은 즉흥적이다. 위기 극복을 대처하는 능력이면서 상대의 감정을 자극시키는 메시지 전달 효과가 있다. 험상궂은 개도 웃음으로 감정을 누그러뜨리는 효과가 있다. 짖는 개를 향해서 소리치면 개는 더욱 흥분한다.

또, 유머가 식물 성장에 주는 영향을 소개한다. 장미를 재배하는 농부가 매일 웃으면서 재미있는 이야기를 들려 주었더니 장미 색깔이 진해지고 꽃잎도 싱싱해지면서 짙은 향기를 내뿜는다고 한다.

스트레스 해소 효과

유머는 스트레스를 해소시키기 때문에 심리적 치료 효과가 있다. 답답한 마음이나 우울한 마음은 스트레스가 쌓여 있는 상태가 반복되는 현상이다. 막힌 둑이 바늘구멍으로 뚫리듯이 유머는 막힌 가슴을 열어 주는 역할을 한다.

스트레스는 막히거나 쌓여 있는 상태이다.

빡빡한 구멍에 기름을 치거나 물이 있으면 부드러워지고 나무에 물이 흐르면 부드러워 보이듯이 신체와 정신에 유머 감각이 있으면 부드러운 생각을 자극시켜 스트레스를 해소시킨다.

리더의 스트레스는 조직 관리에서 많이 발생한다. 서로 다른 이질적인 만남으로 구성된 조직은 대립과 갈등의 연속이다. 유머는 서로 다른 습관과 이념을 가진 사람들 사이에 공감대를 만들기 때문에 조직을 관리할 때 여유 있는 리더가 되는 것이 좋다.

유머 감각은 밀가루를 반죽하는 기술과도 같다.

반죽 과정을 통해 밀가루 모양이 만들어진다. 물이 적당히 들어가야 반죽이 잘 되듯이 유머는 밀가루 반죽을 할 때 사용하는 물과 같다. 서로가 가진 다른 생각을 하나로 유도하는 방법으로 유머를 적절하게 사용하면 조직 관리가 편하다.

웃기는 이야기에 반응이 없다면 그런 분류의 사람들을 모아서 다른 유머로 공통점을 만든다. 유머는 각양각색의 사람들을 일정한 패턴으로 분류하는 수단 및 방법으로 사용할 수 있다. 반응이 다른 원인이 스트레스이기 때문이다.

A, B 그룹별로 유머에 반응하는 분류 방법이 스트레스 원인을 구별하여 해소시킴으로써 조직 관리를 효율적으로 할 수 있다. 문제의 원인을 찾아내어 해소시키는 방법으로 유머가 적합하다.

정신적 변화 효과

마음을 움직이는 방법으로 유머 효과는 크다.

바위보다 무겁고 강한 임금님의 마음을 움직이게 만들었던 것도 유머였다. 근엄하고 무표정이던 장군을 배꼽 잡고 웃게 만들었던 것도 유머였다. 오랜 세월 유머는 생활의 활력소로 작용해 왔다. 희극이나 광대, 가면놀이 등은 모두가 유머러스한 행동이고 이를 통해 가슴의 애환을 잊고 살아왔다.

유머는 인류와 함께 이어온 만능 치료제이다.

유머가 약보다 효능 있는 치료 방법으로 적용되었던 이유는 무엇일까? 유머가 마음을 움직이고 정신적 변화를 일으키기 때문이다.

무표정을 바꾸고 근엄하고 견고한 자세를 깨뜨리는 것이 유머이기 때문이다.

유머 감각은 모든 사람이 부분적으로 가지고 있다. 이유는 마음을 변화시키는 방법이 유머이기 때문이다. 사람에 따라 반응이 빠르고 느리다는 차이가 있을 뿐이다. 한바탕 웃고 나면 모든 것을 잊어 버리는 정신적 치료 효과는 막혀 있던 파이프가 진동으로 뚫리는 것과 같다.
　유머는 온몸을 진동시킨다. 지나치게 웃다가 창자가 꼬여 배가 아픈 사람도 있다. 배를 잡고 웃는 것은 창자가 꼬이는 현상을 예방하는 생리적 동작이다. 이처럼 유머는 모든 사람의 마음속에 있고 정신을 관리하는 수단이 되어 왔다.
　변화는 정신에서 만들어진다. 갈등과 혼돈, 스트레스와 고통의 틀을 깨뜨리는 유머는 신체적 감각 기능을 조정하여 변화를 일으키는 작용을 한다. 유머 감각이 없는 사람에게 마음과 정신이 메말랐다고 하는 이유는 유머 감각은 타고나는 정신적 요소이기 때문이다.

유머를 만드는 방법

　약자를 만들어 상대가 생각하도록 유도하는 방법이다. 일반 단어를 약자로 결합하여 새로운 단어를 만들어 새로운 이미지를 느끼게 하여 글자 내용을 풀어 가면서 웃음을 주는 방법이다.
　"하아! 그런 말이구나!"
　앞 글자를 따서 결합하여 3개, 4개의 글자로 사자성어 형식을 만드는 방법이다.
　유머 감각이 빠른 사람은 사자성어의 뜻을 빠르게 이해하고 웃는다. 감각이 민감한 사람일수록 글자 단어에 대한 이해가 빠르다.
　마음의 여유가 없거나 긴장과 초조함이 깊은 사람은 반응 속도가 느리거나 전혀 반응하지 못한다.

　다음은 사자성어로 유머를 만드는 방법이다.
　- 남존여비 : 남자가 존재하는 한 여자는 비참하다

- 요조숙녀 : 요강에 조용히 앉아 있는 숙녀
- 동문서답 : 동쪽 문을 닫으니 서쪽 문이 답답하다
- 백설공주 : 백방으로 설치고 다니는 공포의 입
- 임전무퇴 : 임산부 앞에서는 침을 뱉지 않는다
- 절세미녀 : 절에 세 들어 사는 미친 여자
- 주차금지 : 술과 커피는 안 팝니다
- 전라남도 : 옷을 홀딱 벗은 남자의 그림
- 이심전심 : 이순자가 심심하면 전두환도 심심하다
- 원앙부부 : 원한과 앙심이 많은 부부
- 죽마고우 : 죽치고 마주앉아 고스톱 치는 친구
- 천고마비 : 천 번 고약한 짓을 하면 손과 발이 마비된다

리더의 유머 감각 만들기

리더가 유머 감각을 습득하는 방법은 먼저, 유머가 어떻게 만들어지는가를 파악하여 자신에게 적합한 유형을 찾아 자신의 것으로 만드는 방법이다.

유머의 유형

① 생활 유머 : 일상생활에 대한 유머
② 속담 유머 : 전래되는 이야기, 격언, 등을 비유하는 유머
③ 명사 유머 : 유명 인사들의 말이나 행동을 비유하는 유머
④ 인체 유머 : 신체적 구조를 비유하는 유머
⑤ 사자 유머 : 글자를 줄여서 만든 유머
⑥ 비유 유머 : 특정 인물, 동물 등을 비유하는 유머
⑦ 퀴즈 유머 : 난센스, 게임 방식의 유머

리더에게 유머 감각은 필수이다. 예를 들어 유머러스한 대화를 종종 듣고 자란 아이들과 그렇지 못한 아이들을 비교하면 대인 관계, 조직 관리 등에서 유머 효과를 알 수 있다. 유머러스한 대화를 듣고 자란 아이는 웃음이 많고 질문이 많으며 감정 표현을 자주 한다. 무뚝뚝한 부모와 자란 아이는 질문이 별로 없고 감정 표현도 못한다. 아이에게 적합한 유머를 하듯이 리더는 조직에게 적합한 유머 만드는 방법을 연습한다.

2-5 회의 진행 스피치 기술

리더는 조직을 회의로 이끌어 간다. 창의적 조직은 토론 문화가 정착되어 있다. 어떻게 회의를 잘 진행할 것인가?

리더의 자질은 회의 진행 기술로 평가된다.

조직은 다양한 구성원의 집합체이고 이를 통해서 문제를 해결하기 위한 토론이 진행되고 있으며 토론을 이끌어 가는 회의를 어떻게 이끄는가에 따른 능력으로 리더는 평가 받는다.

다양한 의견과 경험은 회의 진행에 걸림돌이 될 수 있으나 회의는 다양한 의견과 경험을 하나의 의견으로 만들어 내기 위한 모임이고 이를 토론을 통하여 완성시킨다.

회의는 각자의 발표로 진행되고 진행자는 서로 다른 의견이 대립될 때 조정자 역할을 해야 한다. 따라서 회의는 두 가지 스피치능력으로 구분된다.

하나 – 회의 진행자의 스피치 능력
둘 – 주제 발표자의 스피치 능력
셋 – 회의 진행 및 발표 스피치 능력

스피치는 일방적으로 자기 생각을 주장하는 것이 아니라 상대에게 의견을 정확하게 전달하는 기능과 상대를 설득 또는 이해시키는 기능이라고 했다.

회의 진행은 스피치 기술에 따라 달라진다.

서로 다른 의견 제시로 인한 마찰을 최소화하거나 공통점을 이끌어 내어 하나의 의견으로 만들어 가는 과정에서 필요로 하는 조정 스피치 기술이 진행 스피치 기술이다.

회의 진행의 스피치 능력

리더는 수없이 많은 회의를 진행해야만 한다

서로 다른 의견은 대립되기 마련이다. 따라서 상반된 의견을 하나로 만들어 가는 과정에서 진행자의 매끄러운 스피치 능력이 절대적이다.

순조로운 회의 진행은 리더의 역할에 달려 있다.

발표를 잘하는 사람도 있고 못하는 사람도 있다. 지나치게 자기 의견만을 주장하는 사람도 있고 의견 제시를 잘하지 못하는 사람도 있다. 리더는 두 가지 유형을 순소롭게 이끌어야 한다.

지나치게 자기주장을 하는 사람에게는 적당하게 말하도록 유도를 해야 하고, 의견 제시를 잘하지 못하고 더듬거리거나 말문이 막힐 때 유도하는 것도 리더의 역할이다.

발표자가 부안함을 느끼지 않도록 발표 시간을 조절하는 방법과 의견 제시에 막히는 사람의 발언을 이어가도록 유도하는 방법은 리더의 스피치 능력이다. 통제하는 방법과 칭찬하는 방법이 리더의 회의 진행 스피치 능력이다.

"좋은 말씀입니다. 혹시 다른 분은 어떻게 생각하시나요."

일방적으로 주장하는 사람의 의견을 중지시키는 방법으로 다른 사람의 의견을 유도하는 방법은 자연스러운 통제 기술이다.
"그 말씀은 이런 것이죠."
말이 중단되거나 이어가지 못하는 사람에게는 간략한 설명으로 생각을 유도하거나 회의 공백을 이어가는 칭찬 기술이다.

회의 진행 리더는 지나친 주장을 조절하는 스피치 기술과
생각이 정지된 것을 이끌어 가는 칭찬 스피치 기술이 필요하다.

회의 진행 기법 - 브레인스토밍

브레인스토밍이란?

브레인스토밍(Brainstorming)은 어떤 주제나 문제를 효과적으로 이끌어 가기 위해 4가지 원칙을 두고 각자의 의견을 자유롭게 제시하고 발표하여 결과를 도출하는 토론 기준과 방법을 제시하여 아이디어를 산출하는 기법이다.

규칙 4가지

① 비판금지 : 상대 제안을 비판하지 않는다.
② 자유발언 : 어떤 규제나 눈치를 보지 않고 말한다.
③ 다다익선 : 질 보다 양을 구한다.
④ 결합개선 : 아이디어를 결합하여 하나로 만든다.

구성 인원

① 집단 구성원은 적합한(5-12명) 인원으로 한다.
② 팀 별 리더 1명, 서기 1명을 선정하고 각자의 역할을 준다.

사전 준비 사항

① 리더는 브레인스토밍 기법을 숙달하고 있어야 하며 해결해야 할 문제에 대해 충분히 알고 있어야 한다.
② 문제는 여러 가지 해결책이 나올 수 있는 것으로 하되 광범위한 문제는 몇 개의 하위 문제로 분할한다.

준비물

메모지, 필기도구, 발표 차트 용지, PT 준비물

진행 순서

① 리더는 브레인스토밍 4대 규칙을 게시하고 유의점을 말한다.
② 팀 별로 사회자와 기록자를 1명씩 선정한다.
③ 토론 방법이나 주제를 알려 준다.
④ 주제를 생각할 시간을 5분 정도 준다.
⑤ 각자가 생각한 것을 발표하도록 한다.
⑥ 각자 발표 시간을 30초 등으로 일정하게 유지한다.
⑦ 모든 내용은 각자 기록하도록 한다.
⑧ 규칙이 정해지면 결과가 도출될 때까지 일정한 규칙에 의하여 제안과 결과를 반복 시행한다.

기록 방법은 체크리스트 방식을 적용한다

> **체크리스트 7개 항목**
>
> ☐ 다른 방법을 사용한다면?
> ☐ 응용하면? (이것 외에 다른 것은 없을까?)
> ☐ 수정하면? (의미, 색, 동작, 향기, 맛, 형태 등을 바꿔본다.)
> ☐ 확대하면? (다른 요소를 더하면? 덧붙일 수 있는 것은?)
> ☐ 대치하면? (대신할 사람·물건·장소는?)
> ☐ 재배열하면? (계획을 바꾸면? 속도를 바꾸면?)
> ☐ 결합하면? (혼합 또는 섞거나 용도와 아이디어를 결합하면?)
> ☐ 거꾸로 하면? (뒤집으면?)

리더의 아이디어의 정리

리더는 순조로운 토론 진행을 위해 발표자를 칭찬하거나 생각을 유도하고 중립적 관계로 이끌어 가는 스피치 능력이 필요하다.

2-6 자기 관리 스피치 기술

리더의 자질은 자기 관리에서 결정된다. 대화나 회의를 진행할 때 리더가 신뢰성을 인정받지 못한다면 조직원을 적극적으로 이끌어 가기 어렵다.

첫 번째, 몸 관리를 어떻게 할 것인가?

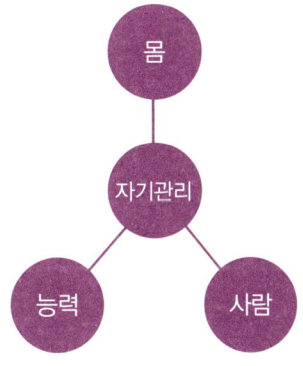

'건강을 잃으면 모든 것을 잃는 것이다.'

건강을 유지하는 방법이 체력 관리이고 체력을 관리하는 방법으로 생활 습관을 말한다. 무절제한 생활은 체력의 균형을 깨뜨려 건강 유지가 어려워진다.

건강한 조직 관리를 위해 리더의 적절한 운동과 규칙적인 생활 습관은 필수적 요소이다.

'건강한 몸에서 건전한 생각이 나온다.'

좋은 생각도 몸이 건강할 때 자유롭고 다양하게 생각함으로써 아이디어가 된다는 의미이다. 몸이 건강하다는 것은 정당한 행동을 말하며 정당한 행동에서 올바른 행동의 판단력이 나온다는 것과 연계된다.

건강한 몸에서 건전한 생각이 나온다는 것은 긍정적 생각을 의미한다. 건강하기 때문에 긍정적 생각과 적극적 행동이 만들어진다. 몸이 피곤하면 생각하는 것도 피곤하고 피곤한 몸은 긍정보다는 부정적 생각을 자극한다. 몸이 튼튼하기 때문에 언제든지 무엇이든 할 수 있다는 자신감을 가지게 되는 것이다.

'과연 내가 할 수 있을까?'

부정적 생각은 건강과 직결된다.

평소에 건강한 사람은 건강하게 자기 관리를 한다.

몸 관리를 어떻게 하는가에 따라서 건강이 결정되고 건강에 따라서 긍정적 생각이 결정되기 때문에 평소에 건강 관리는 리더에게 가장 중요한 자기 관리 방법이다.

피곤한 사람은 짧고 간단하게 말하는 것을 피하려는 습관이 있다. 자신감이 없어서 짧고 간단하게 말하는 것과 요점을 요약하여 중요한 것만을 짧고 간단하게 말하는 것과는 내용과 전달 방법, 표현 방법에서 큰 차이가 있다.

건강한 사람과 피곤한 사람의 스피치 차이점

	건강한 사람	피곤한 사람
요약 내용	간결하고 정확하게 요약	간단하고 편하게 요약
요약 전달	정확한 발음으로 전달	불편한 발음으로 표현

전달과 표현은 다르다. '전달'은 A를 B에게 정확하게 목적물을 전달하는 것이고 '표현'은 A를 B에게 간략하게 나타내는 것으로 목적물의 정확성이 다르고 상대의 이해나 인식의 차이가 크다.

리더의 스피치는 단순한 표현이 아니라 뚜렷한 전달이 되어야 한다. 리더의 스피치를 통하여 상대가 정확하게 이해하고 인식하도록 발음과 내용이 정확해야 한다. 따라서 정확한 발음으로 정확하게 전달되도록 말하는 리듬과 표현이 필요하며 자기관리를 위한 설명능력과 대화능력으로 구분할 수 있다.

첫째, 관찰에 대한 자신의 의견을 제시하는 능력과 둘째, 상대 의견을 듣고 자신의 생각을 제시하는 능력으로 구분된다.

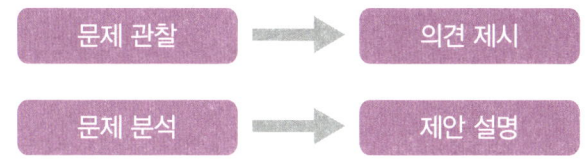

첫째, 자기 관리를 위한 설명 능력

의견 제시는 보고 들은 내용에 대한 자신의 생각을 정리하여 상대에게 알기 쉽게 정확한 발음으로 표현하는 능력이다. 아무리 좋은 생각이라도 상대가 이해하기 어렵게 말하거나 정리하여 말하지 못한다면 의견이 무시되어 아이디어로 선택되지 못한다.

설명은 기술이다. 같은 내용이지만 어떻게 설명하는가의 방법에 따라서 "좋은 내용이다. 아니다."라고 결정되기 때문이다. 상대가 이해하기 쉽게 설명하는 기술은 스피치 기술이다.

자신의 생각이 올바르게 전달되지 못하면 오해가 발생하고 능력조차 인정받지 못한다. 자신의 능력을 인정받는 기술이 생각을 정리하여 상대에게 쉽고 정확하게 표현하고 전달하는 스피치 기술이다. 즉, 자기 관리는 스피치 기술로 결정된다.

긍정적 자기 관리가 긍정적 관찰을 만든다

문제를 긍정적으로 관찰하는가, 부정적으로 관찰하는가에 따라서 문제 해결 방향이 결정된다. 부정적 습관을 가진 리더는 조직원의 이야기를 부정적으로 받아 잘못되는 상황을 상상한다. 잘못된 전제 조건에서 발전적 요소를 찾는 것은 어렵다. 발전적 요소를 찾아도 해결 과정이 복잡하여 실질적인 결과를 얻기 어렵다.

리더의 긍정적 자기 관리가 조직 관리의 방향을 결정한다.

2002년 히딩크는 세계적 축구 명장으로 초청되었지만 본선 경기 30일 전까지 5:0 전적으로 자신의 이름조차 5:0 감독이라는 오명을 피할 수 없었다. 하지만 끝까지 16강이라는 긍정적 목표로 최종 4강이라는 업적을 남겼다.

팀을 긍정으로 보는가 부정으로 보는가의 단순한 관찰의 차이가 팀을 승리로 이끄는가 패전으로 남기는가의 결과를 만들기 때문에 리더의 긍정적인 자기 관리는 평소부터 준비를 해야 한다.

둘째, 자기 관리를 위한 대화 능력

대화는 쌍방향적이기 때문에 의견 제시보다 상대의 이야기를 듣고 자신의 의견을 제시하거나 이견을 말하는 것에 대한 설명 능력이다.

대화는 주고받는 관계이다. 생각 제시에 대한 상대의 의견을 청취하는 자세부터가 문제를 분석하는 능력으로 평가된다. 상대의 이야기에 집중하지 않으면 대충 듣고 자신의 주장만을 반복함으로 의견 조절에 실패하는 원인이 된다. 리더는 자신의 의견을 제시하는 것보다는 조직원 의견을 최대한 많이 듣는 자세가 중요하다.

리더의 판단력은 대화에서 결정된다고 볼 수 있다

상대가 무엇을 원하고 있는가?

조직원이 요구하고 있는 것을 정확하게 파악함으로 원활한 조직으로 관리할 수 있다. 일방적 지시와 명령을 하는 시대는 지났다. 일방적 지시는 리더 한 사람의 생각이지만 조직원의 생각을 듣는 것은 다양한 생각으로 문제에 대처하거나 해결하는 방법이다.

리더의 대화 습관이 문제를 관찰하고 분석하는 비결이다.

자기 관리를 위한 능력 관리는 자기계발에서 매우 중요하다.

능력은 다양하다. 그중에 기술 능력은 자기계발에서 자신의 경쟁력을 창출시키는 능력이다. 능력은 스피치로 표현한다. 앞에서 말한 '설명하는 능력'과 '대화하는 능력'에서 나타난 것과 같이 능력 차이는 습관에서 결정된다. 능력은 긍정적 자신감에서 신장된다.

조지 6세의 말더듬증상은 자신감의 부족에서 나타난 것이었다.

자신감 부족은 병적인 증세와 같다. 능력이 부족하면 자신감이 사라진다. 상대를 설득할 수 있다는 자신감에서 설명을 할 수 있는 능력이 나타나고 자연스럽게 상대와 대화하는 능력도 나타난다.

"혹시 말실수를 하면 어쩌지……."

평소에 말을 많이 하는 사람은 말에 대한 자신감을 가지고 있다. 말을 적게 하지만 말에 대한 내용이 정리된 사람도 자신 있게 말한다.

저자는 스피치 교육을 하면서 자신감을 강조한다.

"조지 6세의 말더듬증상을 고치는 방법이 자신감이죠."

"사장님은 말씀을 느리게 하시는 습관이 있으시군요."
"사장님 잘 안 들려요. 조금 크게 말씀해 주세요."
목소리가 작거나 느리게 말하는 것은 대부분 습관적 행동이다. 매사에 자신감 부족을 느끼는 사람들은 습관적으로 작게 말하고 느리게 말한다. 언제부터인가 목소리에 자신감이 사라졌다는 분들의 공통점은 습관적 행동에 원인이 있다.
"사장님 여기, 이 단어를 강하게 말씀하세요."
"배에 힘을 주시고 입을 벌리세요."
"그렇죠. 그렇게 입을 크게 벌리고 말씀하세요."

자기 관리를 위한 행동

① 규칙 생활 --- 시간 관리
② 규칙 운동 --- 체력 관리
③ 적절한 음식 --- 건강 관리
④ 적절한 휴식 --- 두뇌 관리
⑤ 적절한 스피치 연습 --- 목소리 관리

자기 관리는 평소의 생활을 관리하는 것이다. 규칙적인 생활은 유치원부터 강조하는 교육이지만 습관이 되어 있지 않으면 규칙도 없다. 규칙이 자신의 생활을 즐겁게 만들어 준다는 경험이 없다면 규칙은 불편하고 자신을 억압하는 틀이라고 생각한다.
먹고 자는 시간이 불규칙하다면 24시간을 효율적으로 이용하지 못한다. 24시간은 누구에게나 주어진 시간이지만 시간을 이용하는 사람과 시간을 흘려보내는 사람과는 습관에서 차이가 난다.
리더에게 시간 관리는 매우 중요하다. 효율적인 시간 관리는 규칙적인 운동과 적절한 음식 조절을 하게 만든다. 건강한 체력에서 건전한 생각이 나오듯이 리더에게 두뇌는 적합한 단어를 선택하는 능력과 단어를 조합하여 상대를 설득시키는 언어 능력으로 발달한다.

리더의 스피치 능력은 말하는 방법만으로는 개발의 한계성이 있다. 스피치 능력을 신장시키기 위해 규칙적인 생활과 운동, 건강 관리를 통한 건강한 두뇌 관리 등으로 통합적인 노력이 필요하다.

말의 순발력은 건전한 두뇌에서 나온다.

긍정적 생각과 적극적인 행동을 가진 리더가 상대를 이해시키는 설득력과 설명 능력이 뛰어나다. 상대의 마음을 이끌어 가는 힘은 건전한 리더의 준비된 스피치 능력이다.

2-7 조직 관리 스피치 기술

리더의 언어가 조직을 원활하게 관리한다

긍정과 부정의 언어가 조직원의 행동을 결정짓는다.
긍정적 언어는 긍정적이고 적극적인 사원을 만들고 부정적 언어는 부정적이고 소극적인 사원을 만든다. 리더는 많은 말을 잘하는 것보다 결정적인 말을 어떻게 할 것인가를 찾아야 한다.

리더를 두려운 존재로 만들면 경직된 조직이 된다

"사장님이시다. 입조심해!"
사장 앞에서는 입조심하라는 조직이 있다면 미래가 없는 조직이다. 리더에게 자신의 의견을 솔직하고 정확하게 제시하는 조직이 생명력 있고 경쟁력을 창출하는 조직이다.
조직원의 입을 단속하는 조직은 현실에 안주하는 조직이다. 미래지향적인 꿈도 비전도 없는 조직이다.
"자유롭게 말하라는 뜻으로 회식 자리를 마련했습니다."
조직에는 주기적인 회식이 진행되고 있다. 조직원들의 긴장을 풀어 주고 자유스러운 분위기에서 대화하기 위한 리더의 배려이다. 자연스러운 대화를 이끌어 가기 위해 리더는 업무와 관련 없는 개인적인 이야기로 주도한다.

회식 자리에서 업무를 강조하는 리더는 매력이 없다

어떻게 조직원과 편하게 대화할 것인가를 고민하지 않는 리더는 효율적인 조직 관리에 실패한다. 회식 자리는 편하게 대화하는 분위기를 조성하는 수단이다. 즉, 말하는 분위기가 중요하다.

말을 잘하는 사람은 대화하는 분위기를 잘 꾸미고 이끌어 가는 사람이다. 말과 분위기 조성은 상관적 관계를 가지고 있다.

조직을 소통시키는 기술이 필요하다

소통은 조직이나 개인 간의 벽을 연결시키는 방법이다.

소통은 쌍방향으로 전달되는 기술이 필요하다. 같은 공감대를 이어 주는 데는 소통이 원활하지만, 서로 다른 생각을 이어 주는 데는 소통의 기술이 필요하다.

서로 다른 생각은 관점의 차이에서 나타난다. 서로 다른 생각을 이어 주는 방법은 공통의 관심사를 이끌어 내는 리더의 기술이다.

조직을 어떻게 이끌어 갈 것인가? 소통의 방법을 찾아야 한다.

수평적 소통과 수직적 소통

조직은 수직적 조직과 수평적 조직으로 구분된다. 수직적 조직에서의 소통 방법과 수평적 조직에서의 소통 방법은 다르다. 조직이 방대하면 수직적 조직이다. 방대한 조직을 수평적 조직으로 구성하는 방법은 소통에 의한 조직 구성이다.

수직적 조직에서 소통은 하향식이고 수평적 조직의 소통은 대화와 토론 방식이다. 수직적 조직에서의 토론은 수평적 조직의 토론과 차이가 있다.

리더는 소통의 방해 요인을 제거해야 한다. 소통이 안 되는 이유는 다음과 같다. 원활한 소통을 해결하는 것은 실천을 통한 스피치 기술에 있다.

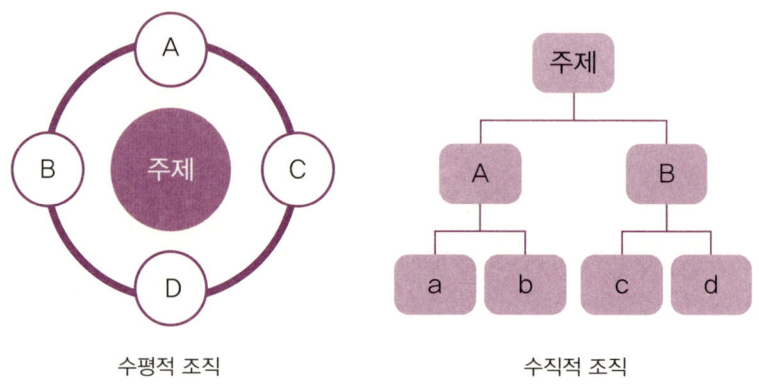

수평적 조직　　　　　수직적 조직

소통의 방해 요인

① 경직된 조직
② 일방적 지시
③ 오해와 갈등
④ 시기와 질투
⑤ 강요와 협박
⑥ 불신과 경쟁
⑦ 과잉 충성

　소통의 불신은 소통을 방해하는 요인들로 인해 발생하는 갈등에서 나타난다. 갈등은 시간에 비례하여 증가하기 때문에 가능한 갈등의 깊이가 깊어지기 전에 해결해야만 한다.
　갈등을 해소시키는 방법이 동기부여이다. 리더는 조직원들에게 어떤 동기부여를 제시할 것인가에 따라서 갈등 해소의 방법을 찾을 수 있다.

동기부여를 어떻게 할 것인가? 동기를 주는 스피치 기술이다.

동기를 부여하는 스피치 기술은 리더의 자질과 연계된다. 긍정적 리더와 부정적 리더는 동기부여 방식이 다르고 같은 동기이지만 전달과 표현 방법에서 차이가 난다.

동기부여는 각자가 해야 할 일을 체계적이고 단계적으로 제시하고 과정에 대한 필요성을 긍정적으로 강조하는 방법이 결과를 결정한다. 조직원이 협동해야 할 이유와 결과에 대한 구체적 제시가 공감대를 형성시키기 때문이다.

공감대를 형성시키는 스피치 기술은 칭찬 기술이다.

무조건 칭찬하는 것보다 동기에 대한 칭찬과 동기 유발에 대한 칭찬 방법이 필요하다.

'왜'라는 공감대를 자극시키는 방법은 앞서 지적한 리더의 실천에 의한 칭찬 방법이다. 맹목적으로 공감에 대한 일방적 주장을 한다면 조직원의 공감대를 이끌지 못한다. 공감대는 서로 간의 필요성과 공동 이익분배 등의 뚜렷한 자료를 제시해야 한다.

공감대는 이해 공간의 조성에 있다

리더는 이해 공간의 동시성을 제시하는 스피치 능력이 필요하다. 설득과 이해를 반복시키는 스피치 기술이다. 이해는 잘못된 정보에 대한 비교 방식이고 설득은 정확한 자료에 의한 설명이다.

비교를 제시하는 스피치 기법과 설명을 위한 스피치 기법은 다르다. 비교는 상대적이고 설명은 일방적 주장이 삽입된다. 일방적 주장은 확실한 근거에 의한 주장이어야 한다. 정보 부재일 때는 정보를 제공하고 잘못된 정보는 정확한 자료에 의한 비교로 공감대를 이끌어 내는 스피치 기술이다.

동일한 조건을 제시하는 것은 공감대를 이끄는 스피치 기술이다. 동질감은 공감대를 이끄는 방법으로 서로 다른 이질적 요소의 공통점을 찾아내어 공감대를 형성하고 이해시키는 스피치 기술이다.

이해 공간이 같아지면 이질적 조건을 동질의 조건으로 이끌어 갈 수 있다. 이해 공간을 동일한 조건으로 이끌어 내는 기술은 공동체 의식을 자극시키는 스피치 기술이다. 서로 다른 조건과 환경을 같은 이해관계로 만들어 공존의식을 자극시키면 이질적 만남을 동질의 공동체 의식으로 이끌어 낼 수 있다.

직원들의 사기를 북돋우는 리더

"함께 만들어 봅시다."

눈덩이처럼 불어나는 부채로 시달렸던 한때 국내 재계 서열 2위의 대우그룹은 1999년 7월 800억 달러의 부채를 안고 파산했고 곧이어 정부의 워크아웃 프로그램이 진행되었다.

2003년 말 워크아웃을 졸업하던 대우건설의 CEO가 된 박사장은 회사를 떠나야만 했던 500여 명의 직원들을 챙겼다. 건설 현장에서 숙식을 같이하며 맺어진 동료애를 바탕으로 직원들을 독려했다.

워크아웃 회사라는 이미지 탈피를 위해 동반자 의식을 나누며 도전을 위한 자신감을 심어주는 데 주력했다. 리더의 설득은 직원들의 공감대를 형성하기 시작했다. 함께 동고동락했던 동료애가 새로운 도전의 힘이 되었다.

- 리더가 제시하는 슬로건은 조직의 브랜드이다

상품 가치가 브랜드로 평가되듯이 조직의 가치는 슬로건에서 시작된다. 조직을 뭉치게 만드는 비결이 리더가 제시하는 슬로건이다. 슬로건은 조직이 나갈 방향을 제시하면서 목적과 방향이 뚜렷하게 나타나 있다.

벌판에서 풀을 먹는 양들을 이끌어 가는 개들은 주인의 지시에 따라

양을 몰아가야 하는 뚜렷한 목적지가 있다. 개는 양들의 길잡이이면서 개가 짖는 소리는 슬로건과 같은 효과가 있다.

흩어지는 사원들을 향해 대우건설이 나갈 방향을 제시하고 뭉치기 위한 방법으로 동료애를 자극시킨 리더의 역할이 대우건설의 부활을 이끌었다.

리더는 말과 행동을 보여 주어야 한다고 했다. 동고동락의 추억을 자극하여 동료애를 이끌어 가는 방법은 행동 실천을 통한 설득이었다. 행동하지 않는 스피치는 공감대를 만들지 못한다. 가장 설득력 있는 언어는 행동으로 보여 주는 언어이다.

실천하지 않는 슬로건은 단순한 구호로 끝난다.

구호는 외침이다. 주장을 제시하는 한 마디이지만 행동으로 보여 주는 외침은 상대에게 공감대를 형성하는 계기점이 된다. 조직원들이 공감하는 슬로건은 외침으로 뭉치게 만드는 힘이 있다.

리더는 행동으로 보여 주는 슬로건이 필요하다.

행동으로 보여 주는 언어가 조직을 관리하는 언어이다.

워크아웃으로 해체되는 대우건설의 조직을 뭉치게 만든 것은 공동체 의식을 이끌어 내는 리더의 스피치 기술이다. 함께 행동했던 기억을 자극함으로써 새롭게 도전하는 정신을 이끌어 냈다. 잠재적 희망을 자극하여 새롭게 도전하도록 동기 유발을 시킨 비결은 리더의 강력한 스피치 기술이다.

소통은 작은 말 한마디가 불씨가 되어 소통을 방해할 수도 있고 흩어지는 조직을 뭉치게 만들 수도 있다. 언어를 통한 소통의 힘이다.

언어는 행동을 지시하는 수단이다. 리더의 한마디는 조직의 행동을 이끄는 수단이다.

'꺼져가는 불씨를 살리는 것은 거대한 바람이 아니라 작은 입김이다.' 조직은 리더의 작은 말 한마디에 행동을 결심한다.

유창한 연설보다 강력한 스피치는
리더가 행동으로 보여주는 말이다.
말을 하기 전에 행동으로 실천하는 것을 보여 주는
행동의 언어가 조직을 이끌어가는 리더의 스피치 기술이다.

2-8 대인 관리 스피치 기술

리더는 수없이 다양한 사람과 만난다. 불특정 다수의 대인 관계를 어떻게 형성하는가에 따라서 리더의 능력이 평가된다. 다양한 성격과 능력을 가진 다수와의 만남은 스트레스가 될 수 있지만 만남을 즐겁게 생각한다면 행복이고 새로운 시너지를 창출하는 기회가 된다.

즐거운 만남을 만드는 방법은 대화 기술이다

대화는 소재의 선택과 소재에 대한 이야기를 만들어 이끌어 가는 스피치 기술에 따라서 즐거움이 될 수도 있고 괴로움이 될 수도 있다. 즐거움을 만드는 대화는 적극적인 대화 방법이다.

긍정을 긍정으로 대화하는 것은 쉽다. 부정을 긍정으로 이끌어 가는 대화가 필요하다. 대화 기술은 부정을 긍정으로 바꾸거나 대화의 방향을 이끌어가는 기술이다.

비판적 대화를 긍정으로 이끄는 방법은 비판보다 비교를 하는 방법이다.

"세상이 이럴 수는 없죠."
"그렇게 할 수밖에 없는 이유가 있었나요?"

부정보다는 긍정으로 대화를 이끄는 방법이다.
"근본적으로 잘못된 사고방식을 가지고 있어요."
"무엇인가 이유가 있어서 그런 것이 아닐까요?"
비판을 비교로 이끌어 상대를 조정하는 방법이다.

대화의 기술은 "아니다."라는 생각을 "그렇다."라고 바꾸어 불가능을 가능으로 유도하는 것이다. "아니다."라는 결론적 대화를 부드럽게 "아닐 수 있지만 그럴 수도 있다."는 방식으로 과정을 유도하여 결과를 유보시킴으로 점진적으로 가능하게 바꾼다.

대인 관계를 감정으로 자극하라

어떤 말을 어떻게 표현하는가에 따라서 상대가 마음을 열거나 닫는다. 상대 마음을 움직이는 것은 언어이다.

"마음이 닫혔어."

어떤 말을 해도 마음이 움직이지 않는 상태이다.

설득은 잘못 알거나 오해를 풀어 가는 과정이다. 잘못 알고 있다는 것은 정보 전달 과정에서 다른 정보를 알고 있다는 것으로 잘못된 정보를 바꾸는 과정이 설득이다. 고집과 아집은 오래된 습관이나 전통에 의하여 습득된 정보이다. 잘못된 정보가 습관으로 만들어진 상태를 의미한다.

잘못된 정보에 의한 습관을 바꾸는 과정은 많은 설득 시간이 소요된다. 무엇부터 잘못된 정보가 주입되었는가를 분석하여 하나씩 바꾸어야 한다.

"마음을 굳혔어."

정보가 정리되어 결정되었다는 것이다. 여러 가지 방법 중에 하나를 선택했다는 것으로 선택하기까지 많은 정보가 주입되었음을 알 수 있다. 선택하기까지 상대를 설득하고 이해시키는 것은 언어이다.

친구나 동료는 같은 생각을 나눈다는 의미이다.

서로 다른 생각을 하나로 만들어 가는 과정은 같은 조건과 환경이 조성되어야 한다. 서로 다른 조건과 환경을 하나로 만들어 가는 과정을 이끌어 가는 것이 언어이다.

"서로 생각이 다르니 끝난 것으로 합시다."

이해, 이익 등의 차이가 결과를 결정한다. 서로 다른 관점을 이해시키고 이익을 분배하는 방법을 제시하는 것도 언어이다.

"함께 노력합시다."

이해관계가 같거나 목적이나 이익 추구가 같을 때 합의점을 찾게 된다. 리더는 조정자로써 합의점을 이끌어 내는 언어 기술이 필요하다.

"결정되었습니다."

서로 다른 생각의 합의점의 결과이다. 서로 다른 생각을 합의하는 과정에서 서로의 차이를 조정하는 기술은 언어이다.

서로 다른 생각을 조정하는 언어 기술은 차이점에서 가장 쉽게 근접하는 요소부터 조정한다. 언어 기술이란 공통점을 찾아내거나 공통점으로 유도하는 언어를 이끌어내는 기술이다.

"같은 생각이었습니다."

"이 점이 서로 달랐군요."

"이렇게 서로 양보합시다."

"이렇게 하면 어떻겠습니까?"

언어 기술은 일방적으로 주장하는 것보다 상대편에서 생각하도록 유도하는 기술이다. 대인관계는 상관적인 관계이다. 같은 점과 서로 다른 점이 공존한다. 대인관계를 이끌어 가는 언어는 같은 점을 극대화시키고 다른 점은 공통점을 찾아 이끌어 가는 언어이다.

원만한 대인관계를 이끌어 가는 언어는 단계적으로 제시하고 체계적으로 만들어 가는 언어 기술이다.

말을 잘하는 사람과 못하는 사람의 차이점은 말하는 방법의 차이이다. 말을 잘한다는 것은 상대의 생각을 파악하면서 상대적인 대화를 하는 사람이다. 급한 성격은 상대보다는 자기중심의 주장만을 제시함으로 대인 관계가 부족하다. 대인 관계는 말을 잘하는 것보다 상대에 따라 말하는 순서와 방법을 적절하게 적용하고 때로는 상대 말을 경청하면서 응용하는 자세가 중요하다.

감정 자극은 단계적이고 체계적으로 접근하라

"복지부동 자세를 어떻게 움직였지?"

미동도 하지 않았던 사람의 말문을 열게 만드는 언어 기술은 상대 생각을 찬성하거나 칭찬하는 방법이다. 공감에 대한 적극적인 표현과 칭찬이 마음을 움직이게 만든 것이다.

복지부동의 조직원을 어떻게 움직이게 만들까?

상대의 마음을 읽는다는 말은 조직원이 리더의 마음을 읽고 미리 준비하는 자세이다.

"어떻게 내 생각을 알았지?"

같은 문제를 같은 방향에서 관찰한다면 같은 것을 볼 수 있듯이 생각 차이는 보는 방법과 방향이 다르기 때문에 나타나는 현상이므로 같은 방법과 방향으로 보면 상대의 생각을 짐작할 수 있다.

"우리는 한배를 탔어."

한배를 탔다는 것은 풍랑으로 사고가 발생하면 운명을 같이 한다는 의미의 표현이다. 목숨의 사활을 같이 한다는 것은 이해나 감동의 수준을 넘어 동료 정신을 강조하는 것이다.

동기 유발은 같은 생각을 자극하는 적극적인 방법이다.

항해는 도착지가 결정되어 있다. 한배를 탔다는 것은 목적이라는 도착지가 같다는 것이다.

조직에서 리더는 배를 조정하는 선장 역할이고 조직원은 배를 관리하고 움직이게 만드는 갑판장이고 기관장이며 조리사이다. 선장에게 조리사는 절대적인 존재이고 조리사는 선장의 판단에 의하여 순항을 보장 받는 관계이다.

조직은 1:1 관계에서 1:다수 관계로 구성된다.

각자의 역할이 다르고 역할에 따라서 생각하고 판단하는 기준이 다르다. 따라서 리더는 각기 다른 의견을 종합하여 올바른 판단을 해야 한다. 갑판장의 입장에서 생각하고 기관장의 입장에서 이해하는 대인 관계를 조화롭게 조정하는 스피치 기술이 필요하다.

돌발적인 사건이나 기후변화에 따라서 항해사와 조정하여 방향을 결정짓는다. 항해사의 강력한 주장을 선장이 일방적으로 무시하면 항해사의 적극적인 협조를 얻기 어렵다. 항해사가 이해하는 방향으로 서로가 조정하여 안전한 항해를 이끌어 가는 지혜는 스피치에서 결정된다.

1912년 4월 15일 세계에서 가장 크고 호화스러웠던 타이타닉호가 영국 사우스햄프턴을 떠난 지 닷새 만에 빙산 충돌로 선체가 두 조각나면서 침몰했다. 1,500명이 넘는 승객과 승무원이 깊이 3,700m 해저에 수장되었다. 선장이 항해사를 비롯한 선원들과 충분한 대화를 했었다면 피해와 희생을 줄일 수 있었을 것이다.

대인 관계를 이끄는 원만한 스피치

원만한 스피치란?

강력한 주장은 상대를 굴복시키는 효과는 있지만 반드시 공감대를 형성해야만 한다. 원만한 스피치는 공감대를 형성하는 스피치 기술이다. 결정을 하기 전에 서로의 생각을 조정하여 합의점을 이끌어 내는 방법이다.

타이타닉이 침몰하게 된 가장 큰 원인은 일정에 따른 항해를 선장이 무리하게 지시하고 강행시킨 결과라고 한다. 평소에 선장이 선원들과 원만한 대화를 하는 관계였다면 무리한 항해를 방지할 수 있었다.
리더에게 강력한 주장은 필요하지만 조직원과의 원만한 대화를 바탕으로 그 주장을 펴야 한다.

거대한 조직일수록 좌초할 위험성이 높다

조직의 역할은 관리에 있다. 효율적 관리를 위해 조직의 역할은 절대적이다. 선장이 항해사, 갑판장, 기관장, 조타수 등과 긴밀한 관계를 가지고 평소에 원만한 대화를 나누는 관계였다면 항해사는 항해에 대한 변화를 제시하고 갑판장은 안전 운항을 위한 선원들의 역할을 점검하였을 것이다. 기관장은 각 기관의 안정성과 운항 정보를 제시하였을 것이고 조타수는 본사와 긴밀하게 변화되는 상황을 교신함으로써 사전에 침몰을 예방할 수 있었다. 선장의 풍부한 경험만 가지고 변화된 바다 환경을 무시하였으며 '일정 내 도착'이라는 하나의 목적만을 위해 주변 사람들의 의견을 무시한 결과는 컸다. 당시 최고 시설과 기술을 자랑했던 타이타닉호를 바다 속으로 침몰시킨 것이다. 타이타닉호 침몰 사건은 리더의 원활한 대화가 얼마나 중요한가를 보여 주는 사례이다.

결과보다는 과정으로 대인 관계를 형성한다

'맞다', '틀리다'라는 결론은 대화를 차단시킨다. 결론이 나오면 새로운 대화도 없다. 리더는 결론보다는 과정을 이끄는 기술이 필요하다.
"무엇이 틀리는 것일까?"
"어떻게 맞추면 될까?"
대화를 이끌어 가는 것은 과정에 대한 서로의 생각이다. 서로 다른 생각을 교류하면서 조정 과정을 이끌어 간다.
"아직도 못했나?"라는 질책보다는 "무엇이 문제인가?"라는 대화가 서로의 생각을 교류하게 만든다.

리더에게 필요한 대화 기술은 조직원의 다양한 생각을 이끌어 내는 방법이다. 리더는 잠재된 조직원의 능력을 자극하여 창의적 사고와 아이디어를 창출하도록 이끌어 가는 대화 기술로 평가된다.

조직원을 자극시키는 방법은 끝없는 대화이다. 과정에 대한 이야기를 지속시켜 문제점을 예방하고 조직을 강화하는 리더십은 대화 기술에서 만들어진다.

"언제든 조건 없이 이야기를 들을 준비가 되어 있습니다."

'임금님 귀는 당나귀 귀'라는 것은 현명한 임금이 되려면 백성의 다양한 요구를 들어야 한다는 소통의 대화 방법을 말한다. 귀는 듣기 위한 것이지 말하는 것이 아니다. 결론을 제시한다면 대화의 소재도 사라진다. 리더는 조직원과의 관계를 지속적으로 유지시키는 채널을 열어 놓고 기다려야 한다. 선장에게 경험보다는 현실적 변화에 대한 정보를 수집하고 분석하는 대화가 필요한 이유이다. 다양한 의견을 듣는 귀를 열어야 한다.

귀를 열고 들을 때는 조건을 달지 말라.

편견은 의견을 제시할 때만 버려야 하는 것이 아니라 상대의 의견을 청취할 때 더욱 필요하다. 편견을 가지고 청취하면 자신의 잣대로 들을 것만을 선택하여 듣기 때문에 듣는 효과가 없다.

대인 관계 대화 방법은 먼저 말하지 말고 듣는 것이라 했다.

리더는 말보다 귀를 크게 열어라

대인 관계를 이끄는 리더의 자세는 항상 귀를 열고 있어야 한다.

음악 감상은 크고 낮은 소리, 고막이 터질듯 찢어질 것 같은 소리의 하모니를 듣는 것이다. 조직원의 다양한 의견을 가감 없이 그대로 받아들이는 자세가 대인 관계를 이끄는 원만한 대화 기술이다. 듣는 순간 다양한 정보를 얻는다.

2-9 이미지 관리 스피치 기술

나는 어떤 인상을 줄까?

한 번쯤은 자신의 인상에 대해 고민해 봐야 한다. 리더에게 인상은 절대적 조건이다. 이미지는 어떤 사물에 대하여 마음에 떠오르는 직관적 인상, 어떤 사물이나 사람에게서 받는 인상이다.

인상은 말을 하기 전에 상대에게 보여 주는 이미지이다. 평소의 생각이 자신의 이미지를 만든다. 긍정적 생각, 적극적 행동을 하는 사람의 인상은 밝다. 이미지는 평소의 습관과 노력에 의하여 만들어진다.

긍정적이고 적극적으로 말하는 사람의 인상은 밝아서 상대에게 편안함과 웃음, 기쁨, 희망을 암시한다.

"사장님을 보면 무섭다."

웃음이 없고 항상 굳어진 표정은 무섭다는 공포감을 주기도 한다. 표정이 무거우면 어둡고 딱딱함과 답답함을 느끼게 한다. 문제는 자신은 웃고 있는데 표정이 웃고 있지 않는 것이다.

"나도 알고 보면 부드러운 사람이지."

혼자만의 독백과 같이 들린다. 자신은 부드럽다고 하지만 이미지가 강하고 무거운 인상을 준다면 무조건 바꿔야 한다.

이미지 바꾸는 방법

표정 바꾸기

선천적으로 웃는 인상이 있고 웃음이 없는 인상이 있다. 무표정은 감정의 변화에도 표정이 변하지 않는 인상이다. 무표정의 얼굴에는 어딘가 모르게 힘이 들어 있다. 표정이 어둡다는 표현은 얼굴이 무겁게 내려앉아 있는 듯한 인상이다.

긴장을 하면 피부가 두터워진다. 피부가 두터워지는 순간 표정이 변하지 않게 된다.

항상 웃고 다니면 "너는 쓸개도 없냐?"라는 식으로 놀린다. 쓸개도 없다는 것은 쓸개가 표정에 영향을 준다는 것을 의미한다. 좋은 일에는 웃지만 비웃거나 야단을 쳐도 웃는다면 정신적으로 문제가 있다고 판단하기 때문에 쓸개도 없냐고 평한다.

"인상이 정말 좋다."

리더에게 인상은 상대를 이끄는 기술이고 수단이다. 찡그린 얼굴을 보면서 편안함을 느끼는 사람은 없다. 항상 인상을 쓰고 있는 얼굴은 주름과 연계된다. 얼굴에 주름진 사람은 조금만 긴장해도 험상궂은 얼굴로 나타난다. 긴장하여 주름진 피부가 두터워지면서 나타나는 표정이다.

인상이 좋다는 평가는, 주름이 없고 피부가 밝아 보는 사람에게 기쁨이나 희망, 편안함을 주는 것을 말한다.

무표정을 바꾸는 방법은 거울을 보고 매일 연습하면 된다.

매일 거울을 보고 강제로 입가를 위로 울리면서 웃는 표정을 반복하면 긴장된 얼굴 근육이 펴진다. 또 피부 관리를 통해 엷고 밝은 피부로 만드는 것이 중요하다.

마음의 긴장을 푸는 노력도 필요하다. 긴장을 푸는 방법은 호흡 조절에 있다. 복식호흡을 길게 하는 연습을 반복한다. 5초, 10초, 20초, 30초……. 호흡 길이를 늘이는 과정에서 긴장도 풀린다.

표정 바꾸기

하나 – 거울 보고 웃기(입가를 위로 추켜올리기)
둘 – 배꼽으로 숨쉬기(복식호흡) 5초→10초→20초→30초

"사장님은 인자하시다."

나이가 들면 인품이 생긴다고 한다. 험한 인상을 가진 사람은 표정을 바꾸는 방법으로 복장이나 화장 등에 변화를 줄 수 있다. 인품을 인위적 수단으로 만드는 방법이다.

평소의 성격이 인품으로 나타난다. 편안한 인상을 만들기 위해서는 마음을 편하게 가지는 것이 중요하다.

인품을 만드는 방법

① 마음을 편하게 가진다.
② 급할수록 돌아간다고 생각한다.
③ 말을 천천히 한다.
④ 말하기 전에 먼저 생각을 다듬는다.
⑤ 거울을 보고 웃는 표정을 연습한다.
⑥ 양 입가를 당기고 입술을 약간 다문 동작을 한다.
⑦ 어깨에 힘을 빼고 상대 눈을 맞추며 말을 한다.

복장 바꾸기

어두운 색상은 무겁고 침침한 느낌을 준다. 어두운 색의 복장만을 입는 리더는 상대에게 엄숙함을 암시한다. 관공서, 경찰 등의 직종은 검은 색 복장을 많이 입는다. 조직적이고 수직적인 조직을 의미하는 색상은 어둡다. 가능한 한 복장은 밝은 색으로 입는다. 넥타이는 복장과 대조되는 색상으로 착용한다.

복장은 얼굴 화장과도 연결성이 있다. 얼굴 화장을 받쳐 주는 복장을 한다. 코디네이터의 역할은 의상과 화장을 조화시키는 역할이다. 따라서 처음에는 전문가의 조언을 받아 자신에게 적합한 복장을 선택한다.

- 복장에 따라서 스피치가 달라진다

신사복을 입으면 점잖게 말하던 사람이 군복을 입으면 거칠게 말한다. 제복은 언어를 두 가지 형태로 만든다.

첫째는 평등하게 만들고, 둘째는 명령과 지시, 복종 관계로 만든다.

리더는 대상이 제복을 입었는가 평상복을 입었는가에 따라서 말하는 방법을 선택해야 한다. 제복을 입었을 때는 지시와 명령식의 대화가 상대를 편하게 만든다.

소니사의 모리타 사장은 사원들이 통일된 유니폼을 입게 된 동기가 전쟁 후 입을 것이 없었기 때문이라고 했다. 유니폼은 소니의 특징이 되었고 서로 단결하는 계기점이 되었다고 했다.

IBM사의 블루칼라는 당시 미국 대학을 졸업한 모든 학생들이 입고 싶어 하는 유니폼이었다. 유니폼은 기업의 이미지를 상징하기도 하고 조직원의 단결이나 청결 등을 유지하기도 한다.

스티브 잡스는 청바지 차림에 티셔츠를 입고 대중 앞에서 설명을 했다. 평범한 청바지와 티셔츠는 친근감을 주었다. 애플이 '대중의 휴대전화'라는 것을 복장에서 암시했던 것이다. 이처럼 복장은 또 다른 언어 전달 수단이고 방법이다. 문제는 아무 장소나 가리지 않고 복장을 입는다면 오해나 손실을 보는 경우가 많다.

스티브 잡스가 입은 티셔츠, 청바지, 운동화는 모두가 유명 메이커 제품이다. 그는 애플의 브랜드가 명품이라는 점을 간접상품을 통해 강조하면서 자연스럽게 누구나 사용할 수 있는 명품 휴대전화라는 것을 암시했다.

애플의 대중화를 말하는 연설에서 정장 차림을 벗어났다는 것은 스피치를 통한 직접적인 홍보와 동시에 복장을 이용한 간접홍보까지 겸했다는 점에서 스티브 잡스만의 창의적 스피치 기술이라고 할 수 있다.

리더의 복장은 조직원들에게 메시지를 전달하거나 암시하며 적합한 복장은 새로운 이미지와 분위기를 이끄는 방법으로 이용된다.

언어 바꾸기

"너는 그 입 때문에 모든 것을 망친다."

같은 말이라도 상대의 마음을 편하게 하는 사람이 있고 부담을 주거나 기분을 망치게 하는 사람이 있다. 기분을 망치게 하는 사람들이 공통적으로 하는 말은 자신은 나쁜 마음 없이 편하게 말한 것이라는 점이다. 자신의 말이 상대의 기분을 흔든다는 생각을 하지 않는다.
"어떻게 그렇게 상대의 기분을 망치는 말만 골라서 하냐?"
말재주가 없는 사람이 있다. 상대 기분을 맞춘다고 한 말이 오히려 상대를 더 기분 나쁘게 한다. 이유는 평소에 사용하는 단어 때문이다. 습관적 단어는 무의식중에 나오기 때문에 의식적으로 표현한다고 하지만 자신의 생각과 다르게 잘못 표현되는 경우가 많다.

언어 바꾸기는 쉽지 않다. 평소에 사용하는 언어를 바꾸는 것부터 시작해야만 한다. 언어는 하루아침에 바꾸기 어렵다.

언어를 바꾸는 평소의 습관 만들기

① 긍정적 단어를 사용한다.
② 적극적 행동을 한다.
③ 칭찬하는 습관을 키운다.
④ 상대를 감동시키는 노력을 한다.
⑤ 짧고 간결하게 말하는 습관을 키운다.
⑥ 상대의 눈을 바라보고 말하는 습관을 키운다.
⑦ 천천히 말하면서 상대의 반응을 파악한다.
⑧ 표준어를 사용하며 녹음으로 자신의 음성을 파악한다.
⑨ 사투리는 부분적으로 악센트를 줄 때 사용한다.

• 감동의 목소리를 만들어라

"잔잔한 파도가 가슴을 때리는 것 같아!"
리더에게 목소리는 중요하다. 잔잔한 파도처럼 마음을 울렁이게 만드는 기술은 목소리에 있다. 감동적인 소리는 잔잔한 음색만이 아니다. 탁한 소리도 상대의 마음을 자극할 수 있다. 자신만의 음색을 이용하여 감동적으로 표현하는 기술이 필요하다.

감동의 소리는 '음색'과 동시에 표현하는 말의 '내용'에 있다. 감동적인 이야기는 음색보다 정확하게 상대의 기억에 남는다. 영화 속의 한 마디 대사가 전체를 기억하게 만드는 것과 같다.

"친구야!"

영화 속의 한 마디가 유행어가 된 적이 있다. 경상도 사투리에 섞인 '친구'라는 단어가 주는 메시지는 참으로 다양했다. 자연스럽게 사투리와 함께 기억에 남는 것은 영화 속의 스토리이다.

감동의 목소리 만들기

① 전달 단어를 찾는다.
② 단어 의미를 표현한다.
③ 전달할 메시지를 만든다.
④ 스토리에 적합한 음색으로 표현한다.

감동은 다음 세 가지에 의하여 반응한다.
첫째로 동기 유발에 의한 감동,
둘째로 음색에 의한 감동,
셋째로 스토리에 의한 감동으로 구분된다.

언어를 바꾼다는 것은 말하는 방법과 표현 능력을 키우는 것이다. 말하는 방법은 앞서 제시한 말하는 습관을 키워 긍정적이고 적극적인 언어를 준비한다는 의미이다.

반복 훈련으로 잘못된 언어를 바꿀 수 있다. 한 두 번의 연습으로 언어를 바꾸기는 어렵다. 심한 사투리는 성장 과정에서 습관화 되어 있기 때문에 환경을 바꿔야 고칠 수 있다. 경상도, 전라도, 충청도의 사투리는 지역에서 지속적으로 사용한다면 고치기 어렵다. 생활환경이 바뀌어야 올바르게 고칠 수 있다.

　언어는 바꾼다는 표현보다는 '다듬는다'라는 표현이 맞다.

　적절한 사투리가 친근감을 만드는 것은 언어를 다듬었기 때문이다. 강한 어감을 부드럽게 다듬고 길거나 낮은 어감은 짧고 강하게 다듬는 과정에서 독특한 음색으로 전달된다.

　습관적으로 반말을 하는 사람은 철저한 반복 훈련으로 반말 습관을 고칠 수 있다. 존댓말도 반말도 아닌 어중간한 발음은 상대의 마음을 상하게 만든다.

　리더는 짧고 간결한 내용을 정확한 발음으로 표현하는 훈련이 필요하다.

2-10 상황 대처 스피치 기술

리더의 스피치 능력은 상황 대처 능력에서 결정된다

극적 상황에서 조직원의 결집과 적극적 동참을 유발시키는 말은 즉흥적으로 감동을 자극시키는 스피치 기술이다. 상황을 피하는 리더는 상황 대처 능력이 없기 때문이다. 조직원은 상황 대처 능력을 보며 리더에 대한 존경심을 가진다.

"임기응변에 능하다."

상황 대처 능력이 뛰어난 사람이다. 회의를 진행하다 보면 돌발적인 질문으로 예측불허의 상황이 벌어진다. 정해진 순서로 진행하려던 계획이 깨지고 돌발적 문제 해결을 위한 상황이 벌어진다.

유능한 리더, 경험이 풍부하다는 것은 돌발적 상황에서 리더의 침착함에 있다. 단계적으로 문제를 풀어 가는 기술이 상황 대처 스피치 기술이다.

바이어들을 초청하여 자사 제품의 우수성을 설명한 후 내구성을 증명하기 위해 샘플을 하나 들고 바닥에 내던졌다. 불행하게도 샘플은 바닥에 떨어지자마자 두 동강이 났다. 1%의 불량품도 없다는 증명을 하려다가 돌발적인 상황으로 깨질 판이었다.

그는 당황하지 않고 즉시 나머지 것을 던졌다.

"보십시오. 저희 회사는 이렇게 질이 낮은 제품은 만들지도 팔지도 않습니다."

연이어 던진 샘플들은 부서지지 않았다.

100% 완벽한 제품을 자랑했던 사원은 돌발적으로 발생한 불량품의 등장을 이용해 나머지 제품에 대한 신뢰감을 주는데 이용한 것이다. 그는 자사 제품에 대한 확신을 가졌고 불량품 발생에 당황하지 않고 제품의 내구성과 안전성을 확인시키는 기회로 반전시켰다.

"지금까지는 1부 예비행사였습니다."

사회를 보던 김이사는 회의 진행을 하던 도중 갑자기 1부 예비행사였다고 발표를 했다. 김이사는 발표자가 참석한 줄 알고 회의를 진행했는데 아직 발표자가 참석하지 않았다는 사인을 받고 태연하게 예비 행사였다는 즉흥 멘트로 위기를 면했다.

회의를 진행하다가 갑자기 발생한 사건에 당황하면 회의 분위기가 깨진다. 사회자의 행동과 언어는 참석자들의 눈과 귀가 되기 때문이다. 사회 경험은 돌발적인 사건에 대비하는 능력이다. 자연스럽게 실수를 인정하는 방법은 경험에서 나온다.

발표자는 철저히 준비하고 단상에 나온다.

발표를 하던 중 갑자기 전기가 꺼지거나 빔프로젝트가 작동하지 않거나 동영상에서 소리가 나오지 않을 때 당황하게 된다. 이 순간 발표 경험이 풍부한 사람은 당황하지 않고 상황을 이용하여 설명한다.

"지금처럼 돌발적으로 전기가 나갔을 때를 대비하는 것이 이 제품의 특징입니다."

지퍼가 내려간 것을 모르고 단상에 올랐던 사장님이 즉흥적으로 위기를 유머로 넘어가는 능력이다.
"이미 오래되어 잠자고 있습니다."
돌발적인 상황은 언제든지 발생할 수 있다. 돌발 상황은 발생보다 대응 능력이 중요하다. 상황 대처 능력은 다음 3가지로 해결한다.

① 상황을 인정하라.
② 상황을 이용하라.
③ 상황을 바꾸어라

상황 대처 스피치는 리더십으로 평가된다.
돌발 상황 대처 능력은 리더의 리더십으로 나타난다.
새로운 상황이 전개되면 당황하는 사람과 침착하게 대응하는 사람으로 구분된다. 당황하는 사람의 특징은 성격이 급하거나 일상적으로 안정된 생활을 했다거나 상대로부터 도움을 자주 받거나 보호되었던 사람이다.
상황에 대응하는 사람은 성격이 침착하거나 돌발적인 상황을 경험했거나 독립적으로 문제를 해결했던 사람이다.
당황하는 사람은 준비되어 있지 않았고 대응하는 사람은 준비되어 있다고 구분할 수 있다. 리더는 준비된 사람이다. 항상 새로운 상황에 대비하여 어떻게 대응할 것인가에 대한 대비 연습을 할 때 돌발적인 상황에서의 대응 능력이 향상된다.

리더는 돌발적 상황을 예측하라

리더는 상황에 대비하는 능력이 필요하다. 앞서 상황 대처 3가지 방법에 따라 돌발적 상황을 인정하면 상황은 확산되지 않는다.
"이것은 당신의 실수다."
즉흥적으로 공격을 한다면 피하지 말고 인정하면서 대응하는 능력이 필요하다. 공격을 회피하면 공격이 반복되지만 인정하면 공격을 멈춘다. 공격이 멈췄을 때 잘못된 부분을 지적하고 수정해 나가는 방법이 돌발적 공격을 해결하는 비결이다.

리더는 상대의 공격을 이용하는 지혜가 필요하다. 공격을 인정하고 그것을 이용하여 상황을 바꾸는 전략은 화술이다. 인정과 이용과 반전을 이끌어 가는 것이 리더의 스피치 기술이다.

돌발 상황은 준비된 리더에게는 기회이다.

상황 대처 능력은 평소의 준비 과정에서 신장한다. 철저한 준비 습관은 돌발적 상황을 침착하게 풀어가는 지혜가 된다.

상황 대처 능력은 언어 능력이고 스피치 기술이다.

같은 말이지만 상황에 적합한 이야기인가를 순간적으로 판단하는 능력이다. 상황 판단은 훈련으로 습득된다. 문제가 발생했다면 문제의 핵심을 파악하고 전개 방법과 해결 방안을 유도하는 스피치 기술을 사전에 학습해야 한다.

문제는 3단계로 진행된다.
1단계 → 문제 제시
2단계 → 문제 전개
3단계 → 문제 해결

계획된 문제이거나 문제를 이끌어 내는 과정도 같은 과정으로 진행되기 때문에 예측에 의하여 문제를 해결한다. 돌발적 상황은 전혀 예측이나 준비가 되어 있지 않은 상황이다.

돌발적 상황으로 비교한다면
1단계 → 돌발 상황 발생

2단계 → 상황 전개 및 확산
3단계 → 상황 수습 및 해결

상황 대처 스피치 기술은 돌발 상황이 발생하면 상황을 인정하고 적극적으로 동참하도록 한다. 인정한 상황을 어떤 방향으로 이끌어 갈 것인가를 긍정적으로 판단하여 전개시키거나 때로는 확산시키면서 상황에 대한 문제점과 해결점을 찾아낸다.

리더는 비교 스피치 방법으로 상황을 해결한다.

상황을 전개하고 해결하는 것은 언어 능력이다.

비판은 비판을 만들지만 비교는 긍정적 유도를 통해 공감대를 이끌어 낼 수 있다. 상황 해결은 상황에 대한 문제점만을 지적하면 해결이 어렵다. 상황이 발생하게 된 원인을 분석하여 상황이 어떤 영향을 끼치는가에 대한 적극적 분석으로 해결할 수 있다.

적극적 분석은 긍정적 언어이다.

상황을 인정하는 방법은 수긍하는 것으로 문제에 대한 인식도에 따라서 수긍하는 수준이 결정된다. 어디까지 인정할 것인가에 따라서 상황에 접근하는 부분이 결정된다. 이와 같이 상황을 인정하는 방법이 언어이다.

"맞아!"

"그 부분은 동의해."

돌발 상황을 인정하는 자세는 수긍이다.

대화는 상대적이라고 했다. 상황을 인정하지 않는다면 대화는 차단되고 문제 접근조차 되지 않기 때문에 인정하는 스피치 기술이 필요하다. '맞아'와 '동의해'는 근본적으로 다르다. '맞다'는 것은 전적으로 인정하는 것이고 동의한다는 것은 부분적으로 이해한다는 의미이다.

동의는 비교이다. A 전체를 동의하거나 부분적으로 동의함으로써 상황에 대한 이의를 제기할 여지를 남겨 대화를 이끌어 가는 방법이다.

A의 일부를 인정하지만 일부는 B라고 이의를 제기함으로써 대화를 통하여 문제점을 풀어 간다. A와 B의 차이점과 같은 점을 비교함으로써 C를 만들어 가는 과정이 상황 대처 스피치 기술이다. 같은 점을 제시하고 차이점을 비교하며 문제를 해결한다.

상대의 생각을 결합시키는 유형은 다음과 같다.
① 상대의 생각을 정확하게 파악하라.
② 상대가 주장하는 요지를 파악하라.
③ 상대가 희망하는 방향을 파악하라.
④ 서로의 공통점을 찾아라.
⑤ 공통점을 연결시켜라.

"김 과장이 주장하는 A는 이것이죠?"
"오 과장이 주장하는 B는 이것이죠?"
"그렇다면 두 사람의 공통점이 C네요."
"두 사람은 이 점에 동의하시죠?"

리더는 문제해결을 위한 조정 방법으로 상대의 문제점을 지적하는 방법보다는 장점을 비교하여 공통점을 이끌어 내는 스피치 기술이 필요하다.

상대 마음을 움직이는 방법은 상대 생각을 이해하거나 동의하는 것으로 한편이라는 동료 의식을 확인시켜 주는 방법이다. 한편은 서로의 생각을 나누고 공유함으로 문제를 해결하는 관계이다.

리더는 어떻게 상대의 장점을 부각시켜 줄 것인가를 생각한다.

엉뚱한 칭찬은 오히려 상대에게 상처가 될 수 있다. 따라서 상대를 정확하게 파악하는 것이 중요하다.

"내 말은 저 뜻이 아닌데…"

리더가 조직원의 생각을 위로한다거나 조직원의 편을 들어 주기 위해 설명하는 방법이 조직원의 생각과 다르게 표현되는 경우가 종종 발생한다. 리더의 판단에 의하여 조직원의 생각을 바꾸기 때문에 발생하는 상황이다. 이러한 상황이 반복되면 조직원은 리더에 대한 신뢰감을 버리게 된다.

리더는 스피치의 순발력을 키워라

순발력의 스피치 기술은 비교 기술에서 나온다. 즉흥적 대응 능력의 순발력도 인정→이용→반전이라는 3단계 과정을 통해 상대의 공격이나 돌발적 상황을 비교 방식으로 해결한다.

1차적 인정을 하고나면 시간적 여유가 생긴다. 생각할 수 있는 여유를 만든 다음에 어떻게 대응할 것인가의 방법을 생각하는 것이 비교 방법이다.

2차적 이용 방법은 돌발적 상황이나 공격적 요소가 미치는 영향에 대하여 관련된 것을 찾아내는 비교 방법이다. 공통점을 찾아서 공통점을 어떻게 적용할 것인가를 제시한다면 돌발적 상황이나 공격적 요소가 문제 해결의 아이디어가 될 수도 있다.

3차적 반전은 2차 단계에서 얻은 아이디어이다.

이처럼 순발력은 상황을 역으로 이용하는 역발상에서 나온다.

당황은 순발력을 정지시킨다. 어떠한 경우에서 해결 방법이 있다는 전제 조건에서 상황에 대처한다.

생각은 하지만 말이 나오지 않는다.

어떻게 말할 것인가를 생각하고 이렇게 답해야겠다는 생각을 하면서도 정작 말로 표현하지 못하는 사람의 공통점은 자신감 부족이고 평상시 말에 대한 훈련 부족이다.

"이것은 아니다."라는 판단은 말문을 닫게 만든다. 아니지만 그렇다고 인정하면 무엇을 말할 것인가를 찾아 자신의 생각을 제시하면서 "아니다."라는 자신의 생각을 주장하는 자세가 순발력에 의한 대화 방법이다.

　리더는 조직원의 모든 이야기를 들어 주면서 잘못된 부분을 지적하는 순발력과 대응 능력의 스피치 기술로 평가 받는다.

상황 대처 능력은 인내력 싸움이다

　순발력과 대응 능력은 인내력에서 나온다.

　급변하는 상황에서는 성급한 판단이 실수를 만든다. 상황을 풀어 가는 방법에는 시간이 필요하다. 리더는 서두르지 말아야 한다.

　리더는 한 번쯤 생각을 하고 말하는 습관이 필요하다.

　실수는 성급할 때 발생한다. 급하게 말을 하면 실수를 한다.

　인내력은 무조건 참고 기다리는 것이 아니라 여유를 가지고 생각하고 판단한 이후에 대응 방법을 찾는 습관이다.

　'급할수록 돌아가라.'

　급한데 돌아갈 여유가 있을까?

　대개 사람들은 급하면 돌아갈 여유를 찾지 않는다.

　돌발적 상황에 대응하는 능력은 여유이다. 급하게 생각하면 단순한 판단을 하기 때문에 실수를 하지만 여유를 가지고 생각하면 문제점을 정확하게 판단할 수 있기 때문에 대응 능력이 나온다.

　"몰아쳐!"

　몰아치라는 것은 여유를 주지 말고 공격하라는 것이다.

　순발력은 여유 시간을 최대한 줄이는 능력이다. 반복된 훈련으로 기술을 습득한 선수가 순발력이 뛰어나듯이 언어의 순발력도 평소에 대응하는 스피치 연습을 얼마나 했는가에 따라 스피치 순발력이 결정된다.

　행동의 순발력은 반복 훈련 시간과 비례하지만 언어의 순발력은 여유롭게 생각하는 습관에서 나온다.

2-11 접대 스피치 기술

 리더는 접대가 빈번하다. 다양한 만남에는 원만하고 적극적인 접대 방법이 필요하다. 만남을 어떻게 이끌어 갈 것인가?
 접대는 만남을 이끌어 가는 기술이다.
 만남은 인사와 말로 시작된다. 인사 방법은 저마다 다르다. 반가운 사람에게는 표정이나 행동이 적극적이고 첫 마디 말도 다양하게 접근한다. 말의 억양이 가볍고 명랑하다.
 첫 마디를 어떻게 표현할 것인가?
 상대에 따라 표현하는 방법이 다르다.

접대 스피치 기술

① 상대의 눈을 마주보고 말하라.
② 웃는 얼굴로 상대보다 낮추어라.
③ 존칭과 긍정 단어를 사용하라.
④ 간단하고 명료하게 말하라.
⑤ 천천히 정확하게 말하라.
⑥ 급할수록 서두르지 말라.
⑦ 1미터 이내 거리에서 말하라.
⑧ 끝까지 듣고 '예', '아니오'라고 답하라.
⑨ 강조할 부분은 악센트를 주어 말하라.
⑩ 상대 말을 잘 못 들었을 때는 반복하여 질문하라.
⑪ 대화가 끝날 때는 예의를 표시하라.
⑫ 대화 내용을 메모하여 다음 대화를 준비하라.
⑬ 상대의 특징을 기록하여 다음 대화를 준비하라.

접대는 일회성으로 끝난다는 생각을 버리고 다음 만남을 위해 준비하는 자세가 필요하다. 상대를 기억해 주는 접대는 기술이다.

접대는 고객 관리에서 중요하다. 고객에게 어떻게 표현할 것인가는 고객의 입장에서 말하는 방법이다.

영국의 정치가 웰즈는 소학교도 마치지 못하고 약방 점원이 되었다. 그는 부지런히 약에 대한 지식을 배웠다.

"이 약, 아주머니께서 잡수실 약입니까?"

"아닌데요. 지난번 소풍 다녀온 뒤 딸이 감기에 걸렸지 뭐예요."

"아 그러세요. 잠시 기다리세요."

약제사가 지어 준 약봉지 속에 이렇게 썼다.

"따뜻한 설탕물은 좋지만 이 약 복용 후 30분의 여유를 두세요. 아랫배가 아플 때는 위가 나쁘다는 증거이니 이 약을 드세요. 그래도 배가 아플 때는 장이 나빠진 것인지 모르니 다른 약을 복용해 보세요."

약국은 약제사보다는 웰즈 소년의 서비스가 소문나서 번창했다.

리더는 사원들을 고객과 같이 접대한다

명령과 지시로 사원을 관리하는 시대는 지났다. 사원들의 창의적 능력을 자극시키고 창조적 경영을 하려면 사원들의 자긍심을 자극시켜 잠재적 능력을 창출시키는 스피치 기술이 필요하다.

흔히 말을 더듬으면 놀림감이 되어 주변으로부터 따돌림을 받아 증상이 심해지는 결과를 낳지만, 조지 6세가 말더듬증상을 고쳤던 비결은 주변 사람의 따뜻한 관심과 무허가 언어치료사의 적극적인 헌신이다.

사원이 말을 더듬듯이 일하는 것이 느리다면 모욕감을 주기보다는 적극적인 칭찬으로 자신감을 주는 리더가 되어야 조직원은 리더를 믿고 자신의 능력을 최대한 발휘하기 위해 노력한다. 웰즈 소년이 간단한 메모로 고객을 감동시켰듯 조직원을 칭찬하는 리더의 말 한 마디가 조직원을 감동시킨다.

말은 돈이 들어가지 않는 조직 관리 기술이다.

리더의 칭찬은 고객 접대 방법이다

자신이 봉급을 준다는 개념은 조직원의 잠재적 능력을 자극시키지 못한다. 장사가 잘 되는 가게의 주인은 고객을 주인으로 모신다. 주인이 되려면 고객이 되어야 한다는 의미이다.

고객 입장에서 무엇이 필요한가를 찾아야 한다.

사장이라는 권위의식은 접대에서 실패한다.

K기업 사장은 '종'이라는 개념으로 일을 한다. 고객을 만나는 것도 종이기 때문에 만나고 사원들을 만나는 것도 종이라는 생각으로 만난다. 자신을 최대한 낮추고 말하기 때문에 상대가 무엇을 원하고 있는가를

정확히 파악한다.

리더에게 말은 가장 중요한 투자이다

많은 금액을 투자하여 이익을 창출해야 한다면 조직원에게 칭찬이나 따뜻한 말 한 마디를 하는 것은 어려운 일이 아니다. 그럼에도 조직원에게 말할 때는 권위 의식을 쉽게 버리지 못한다.

리더 의식을 바꿔야 한다.

사원은 봉급을 받기 위해 모인 것이 아니라 자신의 능력을 리더를 위해 발휘하기 위해 모인 사람이라는 인식이다. 리더가 봉급을 주는 것이 아니라 사원이 리더의 이익을 만들어 주는 사람이라는 인식이다.

말은 돈이 들어가지 않는 것이지만 리더의 의식이 말을 어렵게 만들고 말로 조직원에게 부담과 상처를 주는 실수를 한다. 창의적 리더는 말 한 마디로 조직원을 통솔하고 자극하여 활용한다.

접대 멘트가 리더의 사교성으로 평가 받는다

"집이 아담하고 좋습니다."

집이 좁고 답답하지만 방문한 집을 보고 느낌 점을 말하는 접대 멘트이다. 처음 만나면서 상대의 약점을 직접적으로 공격하는 것은 만남을 포기하는 행동이다.

상대의 장점을 찾아서 극찬하는 것이 접대 멘트이다. 서로의 공통점이 무엇인가를 찾는 방법이 접대 멘트의 핵심이다.

접대 멘트는 표정 관리가 중요하다.

웃으면서 말을 하면 상대는 농담이나 비웃는 것으로 오해를 할 수도 있다. 지나가는 듯한 말은 상대의 자존심이나 마음에 상처를 줄 수 있다. 진실한 표정이나 바른 자세, 평범한 대화 방식으로 관심에 의한 멘트를 표시하는 자세가 접대 멘트 자세이다.

접대 멘트는 지나가는 이야기이지만 상대는 관심을 가진다. 따라서 단순한 접대 멘트이지만 진실성을 표시하는 노력이 필요하다.

> **접대 멘트 방법**
>
> ① 적극적으로 공통점을 찾아라.
> ② 긍정적인 차별성을 찾아라.
> ③ 독창적 요소를 찾아라.
> ④ 경쟁력을 찾아라.

대인 관계와 조직 관리에서 접대 멘트는 중요하다. 상대와의 관계 지속성을 결정 짓는 방법이다. 접대 멘트는 상대의 마음을 자극하고 움직이게 만드는 비결이다. 상대에 대한 관심을 표시하는 방법이면서 관계에 대한 수준을 나타내는 방법이다.

- **적극적으로 공통점을 찾아라**

대인 관계에서 공통점은 관계를 형성하는 첫 번째 방법이다.

공통점은 생김새, 취미, 성격, 배경, 능력 등으로 다양하다. 서로의 관심사가 같거나 생활 방식이 같다면 이해 공간이 같기 때문에 문제에 대한 접근과 해결 방법이 비슷하다. 공동체 의식이 형성되기 때문에 대화가 소통한다.

"문화가 다르다.", "생활방식이 다르다.", "성격이 다르다."

다르다는 것은 공통점이 없다는 것으로 서로 다른 것보다는 같은 것이 무엇이 있는가를 찾아내는 것이 대인 관계와 조직을 이끌어 가는 리더에게 필요하다.

"사장님 취미가 내 취미와 같더라."

마치 사장님이 자신을 이해하고 있는 듯한 느낌이고 간접적인 믿음의 표현이다. 관계에서 믿음은 중요하다. 조직에서 믿음은 문제 해결 방법이면서 경쟁력을 창출하는 힘이다.

가족이나 친척이라는 인식은 조직을 하나로 결합시키는 동기가 된다. 소속감이다. "같더라."라는 인식을 심는 데는 관계 형성이 중요하다.

"닮은 데라고는 하나도 없어."

가족끼리 무엇이 닮았는지를 찾아보는 것은 가족 관계를 이끌어 가는 힘이 된다. 서로 닮은 점을 바탕으로 닮지 않은 점을 맞추어 가기 때문이다.

공통점을 찾을 때는 적극적으로 찾아라.

눈에 띄는 공통점은 이미 서로가 알고 있는 공통점이다. 눈에 보이지 않는 공통점을 찾아낼 때 상대의 관심은 높아진다. 세부적인 내용까지 관심을 가지고 있다는 것을 느끼게 하기 때문이다. 단순한 외모보다는 성격이나 취미 등의 관심사, 평소에 느끼고 있는 문제점에 대한 공통점은 보이지 않는 공통점이다.

- 긍정적인 차별성을 찾아라

차별성은 부정적 요소가 아니라 긍정적 요소이다.

"이런 숨은 능력이 있는 줄 몰랐네."

잠재적 능력을 인정해 주거나 평가해 주는 관심은 긍정적 차별성이다. 차별성의 인정이란 평소에 모르던 부분을 찾아내어 상대를 칭찬하는 것은 상대의 능력을 인정해 주는 방법이다.

"낭만적 취미가 있는 줄 몰랐습니다. 정말 멋지네요."

일에만 몰두하여 인간적 낭만이 없는 줄 알았는데 새로운 것을 발견하여 관계 형성이 되었다는 믿음의 표현이다. 인정도 없는 사장인 줄 알았는데 인간미가 넘치는 사람이었다는 표현이다. 믿음을 줄 수 없었는데 믿음을 가지게 되었다는 새로운 약속이다.

리더는 조직원 스스로가 조직을 위해 노력하는 사람이 되도록 유도하거나 만들어야 한다. 스스로 믿고 의지하도록 만드는 방법은 상대의 차별성을 인정해 주는 방법이고 상대가 자신의 차별성을 인정하도록 만드는 방법이다.

차별성은 긍정에서 발견된다.

부정적으로 보는 차별성은 무능력으로 판단한다.

"이것도 못하나.", "그것밖에 보지 못하나?", "그게 한계다."

가능성을 찾기 보다는 불가능을 찾아내어 상대를 무능력자로 몰아가는 리더는 스스로의 한계를 나타내는 사람이다. 어떻게 하면 조직원의 잠재력과 도전성을 자극시킬 것인가를 찾아내는 리더가 창의적 리더이다.

창의적 리더는 부정을 긍정으로 긍정을 차별성으로 인정하는 사고방식이나 습관이 필요하다. 상대를 긍정적으로 보고 평가하는 것은 습관에서 나온다.

- 독창적 요소를 찾아라

차별성은 독창적 요소가 된다.

"이것이 주특기이다."

"어떻게 하는 거냐?"

남과 다른 생각과 행동을 나타내는 것은 남과 다른 차별성에서 시작되지만 차별성이 반드시 독창적 능력이 되지는 않는다. 따라서 상대가 차별성을 인정해 줄 때 독창성으로 발달한다.

차별성을 독창성으로 이끌어 주는 것은 리더의 역할이다. 리더의 말 한 마디가 차별성을 독창성으로 발달하도록 만든다. 따라서 리더는 조직원마다의 특성을 발견하여 어떻게 칭찬할 것인가를 찾아내는 노력이 필요하다.

리더는 다양한 능력을 가진 조직원의 차별성을 칭찬하여 경쟁력으로 창출시킨다. A사원의 독창성이 경쟁력이 될 수 있도록 환경을 만드는 것은 리더의 역할이다. 사원은 리더가 조성하는 경영 환경에서 자신의 독창성을 발휘할 뿐이다.

리더는 사원을 고객처럼 대접하는 기술이 필요하다.

사원의 독창성은 잠재되어 있기 때문에 자극하는 방법에 따라서 나타난다. 끊임없는 관찰과 관심에 의하여 사원은 리더에게 필요한 인재가 될 수 있다.

- 경쟁력을 찾아라

"부탁한다, 믿고 맡긴다."

일을 맡으면 자신이 집단에서 필요한 존재로 생각한다.

리더가 조직원의 마음을 이끄는 방법이다. 조직원에게 자신감을 심어 주는 말 한 마디는 믿는다는 것이다. 일을 맡길 때는 명확하게 일에 대하여 설명하면서 신뢰감을 주는 방법이다.

조직원 개개인의 경쟁력을 찾아 주는 리더가 되어라.

조직원 개인의 경쟁력은 조직의 경쟁력이다. 따라서 리더는 조직원의 경쟁력을 자극하는 스피치 기술이 필요하다. 경쟁력은 창출하는 자에게서 나온다. 잠재된 개인의 경쟁력을 창출시키는 반복적이고 계획적인 리더의 말로 경쟁력을 찾아야 한다.

가만히 정지된 사람의 능력은 이미 죽은 능력이다. 리더는 조직원의 잠재 능력을 자극시키는 말을 자주 사용하는 기술이 필요하다. 아무 때나 칭찬을 한다면 칭찬에 대한 신뢰감을 상실한다. 결정적일 때 적극적으로 칭찬함으로 조직원에게 자신감을 심어 주는 기술은 관심과 관찰에서 나온다.

"지금까지 지켜봤는데 자네에게 이런 능력이 있는 줄 몰랐네."

관심은 조직원의 마음을 이끄는 비결이다. 상사가 자신에게 관심을 가지고 있다는 확신을 가진다면 상사를 위해 충성을 바치는 것은 동물적 본능이다.

스피치 기술은 자극의 기술이다.

조직원의 잠재된 능력과 자신감을 심어 주는 스피치 기술은 평소의 리더 성격과 습관에서 나온다. 긍정적인 생각과 적극적인 행동을 가진 리더가 조직원의 잠재성을 자극시키고 자신감과 도전 정신을 자극하는 능력이 있다.

2-12 칭찬 스피치 기술

'칭찬은 고래도 춤추게 한다'는 말의 의미는 말하지 못하는 동물도 칭찬에 반응한다는 것이다.

장미를 재배하는 농부가 매일 꽃에 물을 주며 속삭였다.

"너의 색깔은 세상에서 가장 아름답고 너의 향기는 세상에서 가장 향기롭단다. 너는 이 세상 최고의 장미다."

장미는 점점 향기가 진해졌고 색상이 화려해 졌다. 싱싱한 장미는 비싼 가격에 팔려 농부를 부유하게 만들었다. 이를 본 옆집 농부는 화가 나서 물을 주며 이렇게 속삭였다.

"너는 어쩌면 이렇게 자라지를 못하니? 색상도 별로이고 향기도 약하잖아! 언제 향기가 진해 질 거냐?"

그러자 장미는 서서히 시들며 죽어갔다.

칭찬은 고래만 춤추게 하는 것이 아니라 식물까지도 싱싱하게 성장하게 하는 촉진제 역할을 한다.

"최 대리는 언제나 믿을 만한 사람이라고 확신합니다."

지나가는 말이지만 사장의 말 한 마디는 최대리를 하루 종일 기쁘게 만들어 일의 능률을 증가시킨다.

"아니, 지난번에도 실수를 하더니 이번에도 또야?"

스쳐가듯 지적해도 위축되어 반복적인 실수가 발생한다. 아무리 간단한 일이라도 반복적으로 지적 받으면 생각을 닫게 하고 행동을 무겁게 만들어 실수 아닌 실수가 발생한다. 지나가는 말이라도 조직원들은 심각한 지적으로 받아들이기 때문이다.

칭찬은 심리적 마술이다

칭찬은 심리적 부담을 해소시키고 상대와 거리감을 없애 편안함과 안정감을 줌으로써 원만한 대화 소통을 이어가는 힘이 있다.

리더는 무엇을 칭찬할 것인가를 고민하라

칭찬에는 방법이 있다. 잘못하면 역효과가 난다. 칭찬의 효과는 칭찬하는 방법에 따라 결정된다.

무엇을 칭찬할 것인가를 찾았으면 어떻게 칭찬할 것인가를 찾아야 한다.

칭찬할 이유가 없다면 칭찬은 독이 된다. 장미꽃에 대한 색상과 향기의 평가는 필수 칭찬 요소이다. 따라서 향기와 색상을 칭찬하는 것은 꽃에 에너지를 주는 것과 같다.

- 칭찬은 보이지 않는 에너지이다

보이는 행동보다 보이지 않는 행동을 칭찬하는 것이 칭찬의 효과가 높다. 이미 나타난 행동은 모든 사람이 칭찬하기 때문에 칭찬이라고 생각하지 않지만 남들이 모르는 것을 찾아내어 칭찬한다면 관심에서 우러나온 진심어린 칭찬이라고 믿기 때문이다.

믿음과 신뢰를 주지 못하는 형식적인 칭찬은 독이다.

자신의 부족함을 알고 있는데 칭찬을 받게 되면 칭찬의 진실성을 믿지 않게 된다. 부족함을 칭찬할 때는 점진적인 가능성을 칭찬하는 방법이 필요하다. 자신의 부족함을 점진적으로 바꾸어 갈 수 있다는 자신감에 의한 칭찬이기 때문이다.

- **무조건 칭찬하는 것은 리더의 자질을 의심하게 된다**

"도대체 무엇을 잘했다는 거야, 나를 뭘로 아는 거지?"

 잘못 칭찬하면 상대의 자존심을 자극하여 역효과가 난다. 스스로 잘못한 것을 알고 있고 능력이 부족하다는 것을 알고 있는데 무조건 잘했다고 칭찬하는 것은 비웃음으로 느껴지기 때문이다. 따라서 어느 부분은 잘했고 어느 부분은 부족했다는 구체적인 칭찬 방법이 상대를 감동시키는 칭찬 기술이다.

칭찬을 위한 5W1H 기술

 6가지 칭찬 기술은 장소와 상황에 대한 칭찬 기술이다. 무엇을 어떻게 칭찬할 것인가에 대하여 고민하고 칭찬하는 리더가 조직을 창의적으로 관리하는 리더이다.

① 누구에게 (Whom)
② 무엇을 (What)
③ 어디서 (Where)
④ 언제 (When)
⑤ 왜 (Why)
⑥ 어떻게 (How)

 같은 칭찬이지만 대상에 따라서 긍정적인 칭찬이 될 수 있고 부정적인 칭찬이 될 수 있다. 칭찬은 긍정적인 단어와 적극적인 자세로 할 때 칭찬의 효과가 나타난다.

 "어쩌면 이렇게 했어요?"라는 말은, 준비된 사람에게는 칭찬의 말이 되지만 준비되지 않은 사람에게는 '이렇게 밖에 못했는가?'라는 질책이 될 수 있다. 칭찬을 할 때는 상황에 따라서 어떻게 칭찬할 것인가를 판단하고 말해야 한다.

"지난번보다 발전했네요."

사소한 칭찬이지만 리더가 관심을 가지고 보고 있다는 표시는 조직원에게 긍정적인 에너지가 된다. 칭찬은 긍정 에너지를 만드는 힘이 있다. '과연'이라는 궁금증에 대하여 리더로부터 인정을 받는다는 것은 자신감을 심어 준다. 칭찬의 목표는 믿음과 신뢰에 대한 자신감을 만들어 주는 것이다.

1. 누구에게(Whom)

칭찬 대상에 따라서 칭찬 효과가 다르게 나타나기 때문에 대상에 따라 다르게 칭찬한다.

누구나 칭찬 받고 싶어 한다.

칭찬을 통해 자신감을 얻고 확신을 한다.

칭찬은 "과연 나도 할 수 있을까?"라는 스스로에 대한 불신에 확신을 주는 효과가 있다. 누구나 스스로에 대한 불신을 가지고 있다.

"이번에도 성공할 수 있을까?"

"혹시 실수라도 한다면……."

"무엇인가 불안하다."

심리적 불안은 칭찬으로 해소된다.

망설일 때 누군가 "너는 할 수 있어!"라고 말 한 마디 해 준다면 망설임이 사라진다. 리더의 역할은 '너는 할 수 있다'는 말 한 마디로 용기와 자신감을 심어 주는 스피치를 필요로 할 때 즉흥적으로 사용하는 기술이다.

- "이번에는 누구를 칭찬할 것인가?"

매월 칭찬 코너를 통해서 조직원 한 명씩을 칭찬하는 릴레이를 한다면 조직원들은 칭찬 받기 위한 준비를 하게 된다.

칭찬을 통한 조직 관리

매월 정기적으로 조직원을 칭찬하는 게임을 진행함으로써
조직원 간의 유대 관계를 형성하고
칭찬을 통한 대화로 조직원과 긴밀한 관계를
이끌어 가는 수단이 된다. → 누구를 칭찬할까?

---

2. 무엇을(What)

칭찬은 적합한 행동이나 실적 등을 할 때 효과가 증진된다.
무엇을 칭찬할 것인가?

① 인사하는 습관
② 웃는 표정
③ 솔선수범의 행동
④ 타인의 모범적 행동
⑤ 자기 계발
⑥ 능력 습득
⑦ 업무 실적
⑧ 일의 성과
⑨ 동기부여 및 원인과 결과
⑩ 특기, 장점, 성격, 봉사정신, 희생정신, 도전정신, 기타

칭찬 요소를 칭찬할 때만이 칭찬 효과가 나타난다. 무조건의 칭찬은 리더의 칭찬 방법이 아니다.

"OOO를 잘했다."
라는 칭찬 요소를 정확하게 칭찬하는 습관이 리더에게 필요하다.
"오늘은 무엇을 칭찬할 것인가?"
반복하여 같은 칭찬을 한다면 칭찬 가치가 없다. 인사식의 칭찬이라고 생각한다면 칭찬이라고 느끼지 않는다. 반드시 원인과 결과에 대한 칭찬, 과정에 대한 칭찬을 해야 한다.
리더는 무엇을 칭찬할 것인가? 칭찬 요소를 찾는 것부터가 일과의 시작이 되어야 원활하고 창의적 조직을 관리하게 된다.

3. 어디서(Where)

칭찬할 때 장소에 따라서 구분해야 한다. 아무 장소에서나 칭찬을 한다면 칭찬 효과가 나타나지 않는다.
아무도 없는 곳에서보다는 많은 조직원이 있거나 단상에서 칭찬을 받는다면 칭찬 효과가 극대화된다. 같은 칭찬이지만 어느 장소에서 어떻게 칭찬하는가에 따라서 느낌이 다르고 칭찬 효과가 다르게 나타난다.
동물도 주변에 사람이 있을 때 칭찬해 주는 것을 좋아한다.
개의 머리와 목덜미를 만져 줄때 주변에 사람들이 있으면 더욱 좋아하는 이유는 대중으로부터 자신의 존재감을 인정받는다고 생각하기 때문이다.

4. 언제(When)

칭찬은 때와 장소가 중요하다. 시도 때도 없이 칭찬하는 것은 칭찬 효과와 관계없이 칭찬의 중요성을 강조하는 말이다. 칭찬 효과를 얻으려면 칭찬하는 장소와 때가 중요하다. 결정적 순간이라는 것은 칭찬 효과가 극대화될 수 있는 기회를 의미한다.
칭찬은 타임이 중요하다.

리더가 찬스에 강하다는 것은 칭찬의 찬스를 말한다. 같은 칭찬이지만 감동시키는 칭찬은 타임이다. '적절한 시간이다.'라는 말은 감동시키는 시간을 말한다. 극도의 절정에 오른 감정을 자극시키는 칭찬은 칭찬 효과를 극대화시키는 방법이다. 따라서 칭찬을 먼저 하기 전에 칭찬 받을 준비를 시키는 방법도 칭찬하는 방법의 하나이다. 마음의 준비가 되어 있을 때 칭찬은 마음을 움직인다.

5. 왜(Why)

왜 칭찬을 할 것인가?
무조건 잘했다는 것과 '참 잘했다.'라는 것은 다르다. 참 잘했다는 것은 구체적으로 잘한 것을 지칭하기 때문이다. "지난번보다 잘했다.", "앞으로 더 잘할 수 있을 것 같다."라는 구체적인 칭찬 방법으로 '왜' 칭찬할 것인가를 제시하는 방법이다.
남들이 하는 칭찬은 형식적인 칭찬으로 감동을 자극시키지 못한다. 남들과 다른 방법으로 다른 것을 칭찬하는 요령이 필요하다.
무엇이 다른가를 칭찬하라.
왜, 칭찬 받을 자격이 있는가를 칭찬하라.
왜, 칭찬할 수밖에 없는지 이유를 가지고 칭찬하라.
왜, 칭찬하는가에 대한 원인과 결과에 대해 칭찬하라.
왜, 미래에 필요한 인재인가를 지적하면서 칭찬하라.
"왜!"라는 질문은 칭찬의 당위성을 말한다. 자격과 이유, 원인과 결과에 대한 구체적인 칭찬 요소가 칭찬 효과를 극대화시키며 리더에 대한 신뢰와 믿음을 만드는 비결이 된다.
리더는 칭찬에 대한 '왜?'를 생각하고 칭찬하는 습관이 필요하다. 형식적이고 가식적인 칭찬보다는 간단하고 단순한 칭찬이지만 상대의 마음을 움직이는 칭찬 기술이 스피치 기술이다.

6. 어떻게(HOW)

어떻게 칭찬을 할 것인가?

하나 – 진심으로 칭찬하라.
둘 – 차별성을 칭찬하라.
셋 – 가치관을 칭찬하라.
넷 – 창의성을 칭찬하라.
다섯 – 미래성을 칭찬하라.

– 감동을 주는 칭찬의 말을 생각하라

"자네 앞에서는 왜 그런지 나 자신이 솔직해지는군."
잠재적 차별성은 칭찬을 받는 사람의 감동을 자극한다.
"자네는 같은 말을 해도 상대를 기쁘게 하는 매력이 있군."
누구나 자신의 가치관에 대해 고민할 때 리더로서 평가를 한다.
"자네는 우리 회사에 귀중한 보배라고 생각하네."
누구나 남과 다른 능력을 인정받고 싶어 한다.
"자네 생각은 역시 남과 다르네. 뭔가 노력하는 모습이 보여."
직장인의 고민은 미래에 대한 보장이다.
"자네는 회사에서 반드시 필요한 존재이네."

리더의 칭찬은 업무와 조직 관계에 대한 칭찬이다. 개인의 능력이나 성격에 대한 칭찬은 원만한 조직 생활을 위한 대인 관계이다. 따라서 칭찬은 어느 한 부분만을 특정하여 칭찬하는 것보다 다양한 칭찬 요소를 찾아서 언제 어떻게 칭찬할 것인가를 리더는 생각하고 칭찬한다. 칭찬하면서 질책을 하는 것은 칭찬하는 방법이기 전에 문책하는 방법이므로 삼가는 것이 좋다.

칭찬하는 방법

① 칭찬할 일이 생겼을 때 즉시 칭찬하라.
② 잘한 점을 구체적으로 칭찬하라.
③ 공개적으로 칭찬하라.
④ 결과보다는 과정을 칭찬하라.
⑤ 사랑하는 사람을 대하듯 칭찬하라.
⑥ 진실한 마음으로 칭찬하라.
⑦ 긍정적인 눈으로 보면 칭찬할 일이 더 보인다.
⑧ 일이 잘 풀리지 않을 때 더욱 격려하라.
⑨ 일이 잘못 됐을 땐 관심을 다른 방향으로 유도하라.
⑩ 가끔씩 자기 자신을 칭찬하라.

How to Write Speech Scenario

Chapter 03

스피치 시나리오 작성 방법

3-1 스토리텔링
3-2 스토리텔링과 시나리오
3-3 스피치 기술과 스토리텔링 기법
3-4 스토리텔링의 시나리오 적용

3-1 스토리텔링

말에는 내용이 있다.
무엇을 어떻게 언제 누구에게 왜 말할 것인가?
'무엇'과 '어떻게'라는 이야기가 스토리텔링이다.

스토리텔링은 Story+Tell+ing의 합성어로 상대방에게 전달하고자 하는 내용을 재미있게 구성하여 설득력 있게 전달하는 것을 말한다.
스피치는 스토리 전달 기술이다.
같은 내용도 전달자의 스피치 능력에 따라 다르게 전달될 수 있다. 한참을 들었는데 귓전에 남는 것이 없다는 것은 전달 방법이 잘못되었기 때문에 많은 말을 했는데 무엇을 이야기했는지 정확하게 이해가 되지 않는 경우로 전달자가 뚜렷하게 전달할 내용을 표현하지 못했기 때문에 나타나는 현상이다.
몇 마디 되지 않지만 무엇을 어떻게 하라는 것인가를 명확하게 전달하는 리더는 조직원에게 인기가 있고 조직원은 리더의 지시에 복종하거나 스스로 이해하고 행동하게 된다.

모든 대화는 이야기 중심 경제(Story Centric Economy)에 의하여 존재한다. 쌍방과의 거래는 대화로 진행된다. 거래를 제시하는 것도 대화이고 문제점을 설명하는 것도 대화이다. 사회는 이야기로 구성되어 존재한다. 조직도 이야기로 관리된다.

자신의 생각을 전달하거나 표현하는 것도 이야기이고 상대 생각이나 전달 내용도 이야기로 주고받는다. 따라서 이야기 자세는 중요하다. 이야기 자세에 따라서 상대의 태도도 바뀐다. 진실하고 정중한 자세에서는 상대적으로 진실하고 정중한 자세가 되어 이야기 한다. 따라서 이야기와 이야기 자세가 동시에 전달 수단이고 방법이 된다.

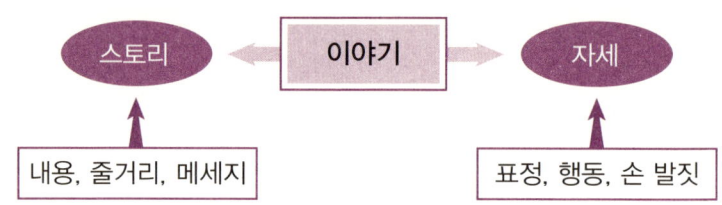

스토리 구성이 시나리오이다

스토리의 내용, 줄거리, 메시지 등을 구성하는 것을 시나리오 작성이라고 한다. 어떤 내용을 어떻게 풀어서 전달하고자 하는 내용을 표현하고 구체적이고 정확하게 전달할 것인가는 시나리오 구성이다.

이야기는 소재에 의하여 만들어진다.

이야기 소재는 대상, 사건, 배경, 인물, 이슈, 유행, 문제점, 개선점, 방법, 제안 등 다양하다. 특히 업무적, 인물적, 사건적, 소재적으로 구분되어 이야기를 구성하고 전개하게 된다.

3-2 스토리텔링과 시나리오

　리더의 시나리오는 업무적 소재, 사건적 소재, 조직적 소재로 구분할 수 있다. 원만한 조직 구성과 활동을 위해 리더의 역할은 조정자라고 했다. 쌍방 간의 문제점을 파악하고 공통점을 찾아내어 서로 화합시키는 조정자의 시나리오는 리더의 시나리오에서 중요하다.
　조직을 이끌어가기 위한 시나리오는 현장감이 필요하다.
　조직은 변화를 요구하고 끊임없는 도전을 요구한다. 리더는 조직원이 스스로 변화되는 현실에 적응하여 새롭게 도전하고 창조하기를 희망한다. 이는 리더의 리더십에 의하여 자극받는다.
　리더십을 발휘하는 시나리오는 현실적 스토리가 필요하다. 이미 지나간 이야기, 끝난 이야기를 반복한다면 조직원은 리더를 외면한다. 과거보다는 현재와 미래를 제시하는 시나리오가 조직원의 관심을 집중시키고 자극제가 된다.
　리더의 시나리오는 변화와 비전을 제시한다. 현실적 문제점을 지적하고 문제 해결 방안을 제시한다. 일방적으로 문제만 제시한다면 추궁이지만 문제와 동시에 해결 방안을 제시한다면 비전이다.
　리더는 말하고자 하는 내용을 정리하는 습관이 필요하다. 즉흥적인 발표나 대화는 실수가 발생한다. 리더의 실수는 다양한 파장을 만들기 때문에 간단한 대화조차도 미리 준비된 각본에 의하여 답한다.

조직 관리를 어떻게 할 것인가.
어떤 목적으로 기업을 경영할 것인가.
구체적이고 논리적인 계획을 준비하고 대화한다.

> **리더의 시나리오 작성 3단계**
>
> ① 문제점을 지적하라.
> ② 해결 방안을 제시하라.
> ③ 비전을 제시하라.

리더는 일방적인 칭찬으로 조직원을 달래는 위치가 아니다. 철저하게 분석된 자료에 의하여 칭찬과 징벌을 병행해야 한다. 따라서 칭찬은 적합한 이유가 있어야 하고 징벌은 합법적인 이유가 있어야 한다.

리더에게 필요한 인재가 누구인가를 결정하는 것은 스스로의 판단에 의한다. 올바르고 정확한 판단을 위해 기준이 필요하다. 기준을 만드는 것이 시나리오이다.

리더의 최종 목표는 조직의 경쟁력을 창출시키는 것이다. 경쟁력 창출을 위해 준비된 비전이 제시되어야 한다. 비전은 조직원의 희망이고 목표이며 조직에 존재하는 가치관이 된다. 비전을 기획하는 모든 과정은 철저히 준비된 시나리오에 의하여 완성된다.

조직을 만든 목적, 기업 이념과 목표이다.

기업의 이념과 목표에 적합한 인재를 선발하여 경쟁력을 창출하기 위해서는 이념을 따르지 않거나 목표 실천이 부족한 사람에게는 징벌을 통하여 사고방식을 바꾸게 만들어야 한다.

어떻게 기업 이념과 목표에 적합한 사원으로 만들 것인가를 작성하는 것이 시나리오이다. 징벌을 위한 징벌은 조직을 경직시킨다. 일정한 규칙을 설정하여 규칙이나 규범에 어긋나는 행동이나 목표 달성에 적합하지 않는 사원들을 교육을 시키거나 일정 기간을 설정하여 변화를 요구하는 시스템을 구성하는 것도 시나리오이다.

1. 문제점을 지적하라

기업 이념이나 목표에 부족한 행동을 지적한다. 경쟁력 창출에 미흡하거나 부족한 사원의 문제점을 지적하는 것은 리더의 책임이고 역할이다.

잘못된 문제점을 지적하지 못하는 리더는 자격이 없다.

사원들의 업무 능력을 평가하는 시스템을 구축하여 공평하게 평가하는 리더가 조직을 이끌어가는 힘을 가지게 되고 조직원은 이를 통하여 리더를 존경하고 업무에 충실한다.

"이것은 사장님이 모르니 덮고 가자."

리더가 일에 대한 정보나 판단력이 없다면 조직원은 실수를 덮고 가는 습관이 형성된다. 작은 실수를 덮으면 큰 실수가 되어 리더에게 돌아온다. 따라서 리더는 문제점을 지적하는 문제 체크 시스템을 만들어야 한다. 문제점을 체크하는 시스템은 문제를 가상하여 만드는 시나리오이다.

문제 시나리오를 만들어라.

출퇴근표를 시작으로 물품 관리 대장, 수리 대장, 기계 점검 대장, 다양한 목록 대장 등은 시나리오의 일종이다. 기록만 하는 경우는 기록장으로 끝나지만 기록한 자료에 대한 점검과 스스로 평가하는 시스템을 도입하면 사전에 문제를 점검하는 시나리오가 된다.

"저것보다는 이것으로 대체하시오."

구체적으로 문제를 지적하고 어떻게 하라는 처방까지 지시하는 시나리오가 리더의 가치와 존엄성을 높이는 스피치 기술이다. 리더의 스피치는 단순하게 말을 잘하는 것보다 정확하게 문제 원인과 분석을 제시하는 전문성에 의한 시나리오가 필요하다. 여기까지는 사장님이 모를 것이라는 잘못된 사고를 바꾸어야 한다.

2. 해결 방안을 제시하라

리더의 전문성은 해결 방안 제시에서 나타난다.

조직원은 리더의 능력에 복종하고 충성을 맹세한다. 자신보다 전문적 판단력을 의존하는 것이 조직원이다. 리더는 전문성을 제시하기 위해 전문적 지식과 정보를 수집하고 분석하여 준비되어 있어야 조직의 경쟁력을 이끈다.

기업 경영은 돈만으로 경쟁력을 창출하지 못한다.

기업 경영은 창의적 인재 확보에 따라서 경쟁력을 창출한다.

해결 방안을 제시하지 못하면 항로를 잃어버린 선박이 되고 선원들은 불안하여 조직이 분해되는 결과를 초래한다. 불안한 선원들은 서로 살기 위해 협동하지 않게 되고 살아남기 위한 기회를 찾기 위해 혼돈 상황을 만든다.

항해 중에 발생한 풍랑과 파도를 헤쳐 나가는 지혜가 선장에게 필요하듯이 리더는 문제 해결 방안을 제시하는 능력이 필요하다.

리더가 제시하는 해결 방안은 전반적 해결 방안이 아니다. 리더는 조직원이 해결 방안을 찾도록 분위기를 만드는 방안을 제시한다.

하나 - 솔직한 리더
둘 - 솔선수범하는 리더
셋 - 동고동락하는 리더

리더가 조직원과 함께 생각하고 행동한다면 조직원은 리더를 믿고 의지한다. 솔직하고 솔선수범하는 리더를 조직원은 믿고 의지하며 동고동락하는 리더로 존경하게 된다. 리더는 조직을 이끌어가기 위한 시나리오를 솔직하게 먼저 행동으로 실천하면서 이끌어 간다는 것을 보여 주도록 구성한다.

3. 비전을 제시하라

조직원이 리더에게 희망하는 것은 비전이다. 노력하는 것에 대한 보상을 조직이 해결해 주는 것을 원한다. 조직이 미래에 대한 꿈과 희망이 되어 줄 때 조직원은 충성을 맹세한다.

비전을 제시하는 것이 리더가 조직을 이끄는 비결이다.

"뭉치면 됩니다."

아무런 제시 없이 무조건 뭉치라는 리더의 말에 동의할 조직원은 없다. 구체적으로 뭉쳐야 할 이유와 뭉치면 어떤 결과를 조직원에게 보답할 것인지에 대한 비전 제시가 있어야 한다.

비전 제시 시나리오 작성 방법

하나 – 명확성   둘 – 구체적
셋 – 단계적   넷 – 실천적
다섯 – 정확성

"이것이다.", "이렇게 하자!" 등으로 비전의 방향과 목표를 명확하게 제시한다. 명확하게 제시하려면 구체적인 내용이 필요하고 구체적인 내용을 단계적으로 실천하는 방법을 제시함으로 정확성을 증명하는 내용이 리더가 비전을 제시하는 시나리오 작성 내용이다.

3-3 스피치 기술과 스토리텔링 시나리오

스토리 있는 말이 설득력이 있다. 마음을 움직이는 언어는 스토리가 있다. "이야기를 듣다 보니 감동했다."라는 것은 말을 잘해서 감동한 것이 아니라 이야기의 내용을 듣고 감동했다는 것이다. 말을 잘하는 사람은 스토리를 만든다.

설득은 말의 내용에 의한 반응이다.

"잘못 알았네."

일방적으로 한쪽의 이야기만을 듣고 오해를 했거나 잘못 알았다는 표현이다. 잘못 알았다는 것을 인식하게 만드는 것은 설득력 있는 내용의 이야기이다. 이야기의 내용을 꾸미는 것이 시나리오이다.

"1+1=1"

아인슈타인이나 에디슨의 답이다.

"왜 이런 답이 나오냐?"라는 질문을 하며 아인슈타인이나 에디슨의 이야기는 들어 보지도 않고 도저히 학교에서 가르칠 수 없는 아이라고 쫓아냈던 교사는 일방적으로 자신이 제시한 답을 무조건 암기하고 답하라는 지시에 따르지 않았다고 판단했다.

"1+1=2"라는 것은 공식이다. 공식은 변함이 없는 규칙이지만 공식으로 해결되지 않는 것이 대인 관계이고 다양한 문제 발생 원인이다. 조직은 공식으로 문제를 해결하지 못하는 것이 다양하게 발생한다. 공식에 의하면 당연히 발생하지 않을 문제가 발생하는 것은, 공식이라는 것이 정해진 일방적 규칙이고 규범이기 때문이다.

아인슈타인과 에디슨은 공식으로 풀지 못하는 문제점을 발견했고 문제를 해결하는 방식으로 "1+1=1"의 해결 방법을 제시했다.

아인슈타인과 에디슨의 해답에는 이야기가 있다. "1+1=1"을 제시하는 시나리오가 있지만 교사는 정해진 공식으로 풀지 않았기 때문에 다수를 위해 희생해야 한다고 주장했다.

공식에는 시나리오가 없지만 방식에는 시나리오가 있다.

스토리와 시나리오는 해결 방식이다.

공식으로 해결할 수 없는 것을 해결하는 것은 방식이고 방식은 경험에 의하여 창출된다.

아인슈타인과 에디슨은 찰흙 놀이를 하면서 단단하게 굳어진 흙을 서로 뭉쳐서 하나로 만드는 놀이를 경험했다. 당연히 "1+1=1"이 되는 경험에 의하여 문제의 답을 제시한 것이다.

"1+1=2"라는 공식에서 제시할 수 없었던 "1+1=1"에서 하나 속에 들어 있는 크기, 모양, 색상, 부피, 무게 등의 차이점을 제시함으로 세계적인 과학자가 되었고 발명가가 되었다.

크기, 모양, 색상, 부피, 무게 등의 차이점을 제시하는 것이 시나리오이다. 하나의 숫자 속에 들어 있는 이야기를 제시한 것이다.

리더의 시나리오는 어떤 크기이고 어떻게 모양이 다르고 부피가 얼마나 되며 무게가 얼마나 나가는가에 대해 구체적으로 명확한 자료를 제시해야 한다. 리더는 숫자보다는 숫자를 증명하는 자료(내용)를 제시할 때 신뢰감과 믿음을 주는 스토리텔링 기법으로 설득력을 습득한다.

"1+1=2"라는 공식 속에는 시나리오가 없다.
단순한 수치에 불과하다.
리더의 스피치가 시나리오가 없다면 단순한 말에 불과하다.
단순한 말을 하는 리더는 존경 대상이 될 수 없다.

3-4 스토리텔링의 시나리오 적용

 소설을 영화로 각색할 때에는 스토리텔링을 적극 도입한다.
 글은 읽는 사람의 주관에 따라서 시나리오가 진행되지만 영화는 제작자 의도에 의하여 시나리오가 나타난다. 대화는 영화와 같다. 말하는 사람의 의도가 대상자를 끌어당기는 것이 대화의 스토리 시나리오이다.
 내가 무엇을 말할 것인가?
 글로 적은 것을 나타내는 것은 말이다. 말하는 방법에 의하여 같은 글의 내용이지만 전달 효과는 다르다. 말로 나타내는 기술을 스피치 기술이라 했다. 문제는 스피치 기술만으로 내용을 만드는 데는 한계가 있기 때문에 스피치 기술을 이끌어 가는 방법이 스토리의 시나리오이다.
 "시나리오가 잘 됐어."
 배우가 연기를 선택하거나 결정할 때 제작자로부터 전달 받은 시나리오의 내용을 보고 자신의 역할과 효과를 판단하여 결정한다. 시나리오 구성은 내용을 효과적으로 만들어 내는 기술이다.
 따라서 스피치 기술은 시나리오 내용을 효과적으로 만들어 내는 구성 방법이기도 하다.
 시나리오 구성 방법이 스피치 기술에 시나리오를 적용하는 스토리텔링 방법이다. 글 내용을 이야기하듯이 표현하고 전달하는 기술이다.
 동화구연은 동화 내용을 유아에게 적합하게 사실적으로 묘사하는 능력의 스피치 기술이다. 리더는 조직원들이 이해하기 쉽고 재미있게 말하고자 하는 내용을 정리하여 전달하는 방법을 연습하여 히틀러처럼 연설 훈련을 반복할 필요가 있다.

스토리텔링은 시나리오를 연습하는 방법이다.

마케팅, 브랜딩, 디자인 등의 다양한 영역에서 감성 마케팅으로 상대의 감정을 자극하는 것이 스토리텔링의 사례이다.

소설 배경이 스토리의 배경이 될 수 있다.

① 소설 행위와 사건이 일어나는 실제의 장소.
② 행위와 사건이 일어나는 시간.
③ 인물들의 생활양식과 습관, 생활 모습.
④ 인물들의 종교적·사회적·정서적 환경 등이다.

상대방에게 생생한 스피치로 설득력 있게 전달하는 이야기는 배경이 섞여서 소설에서는 기승전결로 이어지고 스피치는 억양이나 표정, 감정 몰입 등으로 상대를 압도하는 기술을 사용한다.

이야기가 지루하지 않고 간결하면서도 재미있게, 전달하고자 하는 핵심을 정리하여 제시하는 기술은 시나리오를 스토리텔링으로 이끌어 가는 기술이다.

이야기의 흥미는 끝날 듯이 이어지는 스토리이고 꾸며가는 스피치 기술이다. 마치 연속극이 끝날 때 아슬아슬한 장면에서 마감을 하여 다음 방송을 시청하도록 유도하는 기술과 같다.

뭔가를 이야기하는데 듣지 않으면 안 되도록 이끌어가는 화술이고 지루할 순간에 지루함을 깨뜨려 버리는 화술은 스토리텔링의 묘미이다.

언어는 마술사이다.

말은 설득, 제시, 표현의 방법으로 상대 마음을 움직이는 마술이지만 때로는 독이 될 수도 있다. 어떻게 표현하는가의 방법에 따라서 상대 마음을 움직일 것인가?

감동을 주는 소리는 교감에 의하여 마음을 움직이는 소리이다.
리더의 연설문에서 감동적 연설이 있다.
말더듬이 조지 6세, 하사관 출신 히틀러, 철의 여인 마거릿 대처, 독학생 출신 에이브러햄 링컨, 철의 장막 연설 윈스턴 처칠 등의 연설문은 세계적으로 유명한 연설문이다.

조지 6세 연설문 사례

우리 앞에 놓인 이 암울한 시간이 어쩌면 우리 역사에서 가장 중요한 시기가 될지도 모릅니다. 저는 오늘 이 땅과 해외 국민들에게 저의 메시지를 전하기 위해 이 자리에 섰습니다.

여러분의 가정을 모두 방문해 한 명 한 명에게 직접 이야기를 전하고 싶은 심정입니다.

국민 여러분 중 많은 분들이 두 번째 전쟁의 시련을 겪고 계십니다. 우리 정부는 끊임없이 적국과의 갈등을 평화적으로 해결하기 위해 노력해 왔습니다.

그러나 그러한 노력에도 불구하고 우리는 전쟁 상태에 이르렀습니다.

지금 우리에게 주어진 소명은 전 세계의 문명을 위협하려는 세력에 맞서는 것입니다.

그들은 자신들의 정책을 그럴 듯하게 선전하고 있으나 그 실체는 한낱 미개하고 야만적인 정치 논리에 불과합니다.

우리는 사랑하는 모든 것들을 지키기 위해 힘을 모아 지금의 시련을 극복해야 합니다.

오늘의 연설은 바로 그 점을 강조하기 위한 것입니다.

이 땅의 모든 국민 여러분, 멀리 해외에서 듣고 계신 국민 여러분 마음을 모아 주십시오.

침착하면서도 결연한 자세로 함께 고난을 헤쳐 나갑시다. 힘든 시간이 될 것입니다.

어두운 날들이 오래 지속될 수도 있습니다.

전쟁은 더 이상 최전선의 전투에 국한된 문제가 아닙니다.

우리 모두가 옳고 그름을 인식하고 옳은 길로 나가야 합니다.

또한 우리의 바람이 이루어질 수 있도록 기도해야 합니다.

우리 모두가 굳은 결의를 가지고 신념을 잃지 않는다면 신의 은총으로 이 전쟁에서 승리할 것입니다.

1946. 3. 5. 윈스턴 처칠 ' 철의 장막 ' 연설문

"From Stettin in the Baltic to Trieste in the Adriatic an "iron curtain" has descended across the Continent. Behind that line lie all the capitals of the ancient states of Central and Eastern Europe. Warsaw, Berlin, Prague, Vienna, Budapest, Belgrade, Bucharest and Sofia; all these famous cities and the populations around them lie in what I must call the Soviet sphere, and all are subject, in one form or another, not only to Soviet influence but to a very high and in some cases increasing measure of control from Moscow."

"발트 해의 슈네틴에서 아드리아 해의 트리에스테까지 "철의 징믹"이 대륙을 가로질러 드리워져 있습니다. 이 선 뒤에는 중앙유럽과 동유럽의 옛 나라의 수도가 놓여 있습니다. 바르샤바, 베를린, 프라하, 빈, 부다페스트, 베오그라드, 부쿠레슈티, 소피아 ─ 이 유명한 도시와 이곳의 주민들이 이른바 소련의 세력권에 있으며, 그들 모두는 어떤 식으로든 소련의 영향뿐만 아니라 커져 가는 모스크바의 통제를 받고 있습니다!"

Lincoln's Gettysburg Address(November 19, 1863)

Four score and seven years ago, our fathers brought forth upon this continent a new nation, conceived in liberty and dedicated to the proposition that all men are created equal. Now we are engaged in a great civil war, testing whether that nation or any nation so conceived and so dedicated can long endure. We are met on a great battlefield of that war. We have come to dedicate a portion of that field as a final resting place for those who here gave their lives that this nation might live. It is altogether fitting and proper that we should do this. But, in a larger sense, we cannot dedicate, we cannot consecrate, we cannot hallow this ground. The brave men, living and dead, who struggled here have consecrated it, far above our poor power to add or detract. The world will little note, nor long remember, what we say here, but it can never forget what they did here. It is for us the living, rather, to be dedicated here to the unfinished work which they who fought here have thus far so nobly advanced. It is rather for us to be here dedicated to the great task remaining before us, that from these honored dead we take increased devotion to that cause for which they gave the last full measure of devotion, that we here highly resolve that these dead shall not have died in vain, that this nation, under God, shall have a new birth of freedom, and that government of the people, by the people, for the people, shall not perish from the earth.

에이브러햄 링컨의 게티스버그 연설(1863년 11월 19일)

　87년 전 우리의 선조들은 이 대륙에서 자유 속에 잉태되고 만인은 모두 평등하게 창조되었다는 명제에 봉헌된 한 새로운 나라를 탄생시켰다. 우리는 지금 거대한 내전에 휩싸여 있고 우리 선조들 이 세운 나라가, 아니 그렇게 잉태되고 그렇게 봉헌된 어떤 나라가, 과연 이 지상에 오랫동안 존재할 수 있는지 없는지를 시험 받고 있다. 오늘 우리가 모인 이 자리는 남군과 북군 사이에 큰 싸움이 벌어졌던 곳이다. 이 나라를 살리기 위해 목숨을 바친 사람들에게 마지막 안식처가 될 수 있도록 그 싸움터의 땅 한 뙈기를 헌납하고자 여기 왔다. 우리 행위는 마땅하고 적절한 것이다. 큰 의미에서, 이 땅을 봉헌하고 축성하며 신성하게 하는 자는 우리가 아니다. 여기 목숨 바쳐 싸웠던 용감한 사람들, 전사자 혹은 생존자들이 이곳을 신성한 땅으로 만들었기 때문에 우리로서는 거기 더 보태고 뺄 것이 없다. 세계는 우리가 여기 모여 무슨 말을 했는가를 별로 주목하지도 기억하지도 않겠지만 그 용감한 사람 들이 여기서 수행한 일이 어떤 것이었던가는 결코 잊지 않을 것이다. 그들이 싸워서 고결하게 전진시켰으나 미완으로 남긴 일을 수행하는 것은 살아 있는 우리들의 일이다. 그 명예롭게 죽어 간 이들로부터 더 큰 헌신의 힘을 얻어 그들이 마지막 신명을 다 바쳐 지키고자 한 대의에 우리 자신을 봉헌하고, 그들이 헛되이 죽어가지 않았다는 것을 굳게굳게 다짐하자. 신의 가호 아래 이 나라는 새로운 자유의 탄생을 보게 될 것이며, 인민의, 인민에 의한, 인민을 위한 정부는 이 지상에서 결코 사라지지 않을 것이다.

참고문헌 : TQ가감승제변기법, TQ스피치기법 강충인

명언 및 연설 사례

히틀러

국력은 방어에 있는 것이 아니라 침략에 있다.

국민을 다스리는 데는 빵과 서커스만 있으면 된다.

대중은 여자와 같다. 자기를 지배해 주는 것이 출현하기를 기다릴 뿐, 자유를 주어도 어리둥절할 뿐이다.

대중은 이해력이 부족하고 잘 잊어버린다.

대중은 지배자를 기다릴 뿐, 자유를 주어도 어찌할 바를 모른다.

선전에 의해 사람들이 천국을 지옥으로, 또는 지옥을 천국으로 여기도록 할 수 있다.

여자는 약한 남자를 지배하기보다는 강한 남자에게 지배당하는 것을 좋아한다.

이성을 제압하여 승리를 거두는 가장 손쉬운 방법은 공포와 힘이다.

하늘은 인간보다 우월한 것이니, 그 까닭은 다행스럽게도 우리 인간은 인간을 속일 수 있지만 하늘은 결코 매수할 수 없기 때문이다.

대중의 수용성은 아주 한정되고 지성은 작다. 그러나 대중의 망각 능력은 엄청나다.

유태인이 하나의 인종인 것은 분명하다. 하지만 인간은 아니다.

전쟁이 시작될 땐 정의보다는 승리가 우선이다.

이것은 성전이며 아리안민족의 전쟁이다.

다수결은 한 천재의 의견을 죽인다.

선전포고란 기사도 정신이 있는 것처럼 보이기 위한 위선자들의 행동이다. 나에게 선전포고란 없을 것이다. 행동으로 보여 주겠다.

몇 명을 죽이면 살인자이지만, 몇만 명을 죽이면 정복자가 되는 것이다.

총은 인간의 존엄성을 파괴시키지.

소련의 땅덩어리는 참 맛있게 생겼단 말이야.

이봐, 나는 살아서는 이 관저를 나가지 않을 것이네.
(히틀러가 자기 운전기사에게)

아침과 한낮에 사람들의 의지력은 다른 사람들의 의지와 의견에 최선을 다해 반항한다.

그러나 저녁에는 타인의 지배적인 힘에 더 쉽게 굴복한다.

거짓말을 하려면 될 수 있는 한 크게 하라. 그러면 사람들은 그것을 믿게 될 것이다.

모든 효과적인 선전은 요점을 크게 제한하고, 그리고 이것을 슬로건처럼 이용하고 그 말에 의해 목적한 것이 마지막 한 사람에게까지 떠올려질 수 있도록 계속적으로 행해져야 한다.

유식한 사람들로 이루어진 민족이 만약 육체적으로 타락하고 의지가 약하고 비겁한 평화주의자라면 하늘을 정복하는 일은커녕 이 지상에서의 생존도 확보할 수 없을 것이다.

처칠

2차 세계대전 직후 윈스턴 처칠이 옥스포드 대학 졸업식에 참석했다. 진쟁 직후 다가온 어려운 현실과 불안한 미래를 걱정하며 사회에 나가는 것을 두려워하는 학생들을 향해 준비했던 원고를 던지며 두주먹을 불끈 쥐며 소리쳤다.

" 네버 -, 네버-, 네버-, 네버 기브 업!"

"Never, never, never, never give up!"

기대감 없이 연설을 듣던 학생들은 감명 받고 자리에서 일어나 뜨거운 환성과 박수로 열광했다.

집안이 나쁘다고 탓하지 말라!

나는 몰락한 역적의 가문에서 태어나 가난 때문에 외갓집에서 자라났다.

머리가 나쁘다 말하지 말라!

나는 첫 시험에서 낙방하고 서른 둘의 늦은 나이에 겨우 과거에 급제했다.

좋은 직위가 아니라고 불평하지 말라!

나는 14년 동안 변방 오지의 말단 수비 장교로 돌았다.

윗사람의 지시라 어쩔수 없다고 말하지 말라!

나는 불의한 직속 상관들과의 불화로 몇 차례나 파면과 불이익을 받았다.

몸이 약하다고 고민하지 말라!

나는 평생 동안 고질적인 위장병과 전염병으로 고통 받았다.

기회가 주어지지 않는다고 불평하지 말라!

나는 적군의 침입으로 나라가 위태로워진 후 마흔일곱에 제독이 되었다.

조직의 지원이 없다고 실망하지 말라!

나는 스스로 논밭을 갈아 군자금을 만들었고 스물세 번 싸워 스물세 번 이겼다.

윗사람이 알아주지 않는다고 불만 갖지 말라!

나는 끊임없는 임금의 오해와 의심으로 모든 공을 뺏긴 채 옥살이를 해야 했다.

자본이 없다고 절망하지 말라!

나는 빈손으로 돌아온 전쟁터에서 열두 척의 낡은 배로 133척의 적을 막았다.

옳지 못한 방법으로 가족을 사랑한다 말하지 말라!

나는 스무 살의 아들을 적의 칼날에 잃었고 또 다른 아들들과 함께 전쟁터로 나섰다.

죽음이 두렵다고 말하지 말라!

나는 적들이 물러가는 마지막 전투에서 스스로 죽음을 택했다.